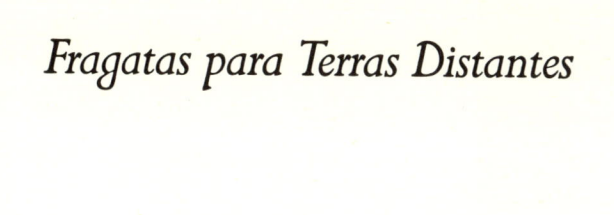

Fragatas para Terras Distantes

Marina Colasanti

Fragatas para Terras Distantes

EDITORA RECORD
RIO DE JANEIRO • SÃO PAULO
2004

CIP-Brasil. Catalogação-na-fonte
Sindicato Nacional dos Editores de Livros, RJ.

C65f Colasanti, Marina, 1937-
       Fragatas para Terras Distantes / Marina Colasanti. –
Rio de Janeiro: Record, 2004.

ISBN 85-01-06912-4

1. Literatura – Discursos, conferências, etc. 2. Livros
e leitura – Discursos, conferências, etc. I. Título.

04-1503
              CDD – 869.98
              CDU – 821.134.3(81)-8

Copyright © 2004 by Marina Colasanti

Capa: Victor Burton
Imagem de capa: óleo sobre tela de Marina Colasanti

Direitos exclusivos desta edição reservados pela
DISTRIBUIDORA RECORD DE SERVIÇOS DE IMPRENSA S.A.
Rua Argentina 171 – Rio de Janeiro, RJ – 20921-380 – Tel.: 2585-2000

Impresso no Brasil

ISBN 85-01-06912-4

PEDIDOS PELO REEMBOLSO POSTAL
Caixa Postal 23.052
Rio de Janeiro, RJ – 20922-970

Sumário

O real mais que real *7*

Erros e acertos de uma mãe contaminada *25*

Poesia de coração gentil *35*

No mundo da magia se come rosbife *47*

Aos sofistas, a culpa *57*

Por que nos perguntam se existimos? *65*

Uma idade à flor da pele *79*

Um espelho para dentro *101*

De palácio em palácio *113*

A leitura sempre renovada: Alice, Pinóquio, Peter Pan *123*

Duas frases para muita manga *155*

Lendo na casa da guerra *169*

Rir pode não ser o melhor remédio *191*

Ano 2000, a não-fronteira do imaginário *195*

Em busca do mapa da mina, ou pensando em formação de leitores *209*

E as fadas foram parar no quarto das crianças *221*

Que escritora seria eu se não tivesse lido? *243*

O real mais que real

"Não há melhor fragata que um livro
para levar-nos a terras distantes."

Esta frase é uma chave perfeita para abrir o passo ao que pretendo dizer. Perfeita não só pelo conteúdo, mas sobretudo pela autoria, pois foi escrita por uma mulher que em toda a vida praticamente não saiu da sua cidade e pouco saiu da própria casa, uma mulher reclusa por sua própria vontade entre o quarto e o jardim, que como testemunho das suas intensas viagens deixou, ao morrer, centenas e centenas de poemas trancados em uma caixa. Tenho certeza de que as "terras distantes" visitadas por Emily Dickinson através da leitura e da escrita são muito próximas daquelas das quais irei tratar.

Mudemos de meio de transporte. Acompanhando os tempos, deixemos por um instante a fragata e entremos em um avião. Os aviões, estou convencida, são as melhores salas de leitura da modernidade — até me pergunto se têm me dado mais prazer como viajante ou como leitora. Ali ninguém nos interrompe, cessam as solicitações doméstico/profissionais, o telefone não toca e, na maior parte do tempo, não há sequer um panorama capaz de nos distrair. Além disso, a consciência está tranqüila, porque só o fato de estarmos no avião já representa o cumprimento de um dever. Enfim, no avião a leitura recupera seu *status* de direito sagrado.

Pois bem, estava eu recentemente acima das nuvens, em pleno usufruto desse direito. Lia uma pequena antologia de literatura fantástica, edição italiana, intitulada *Le Case Maledette*. Cinco contos sobre casas mal-assombradas. E me encontrava bem no meio de um conto chamado "Casa Troon", de George Stroup (Stroup é o pseudônimo de John Malcom Trent, e o título originial do conto é "The House of Death"), quando o avião aterrissou. Resisti o quanto pude, fui a última a levantar, mas não houve jeito, tive que fechar o livro e deixar a personagem trancada num quarto enquanto o terrível fantasma esmurrava a porta.

Era uma viagem de trabalho, a minha. Tinha compromisso. Mas atravessei o saguão do aeroporto ainda com aquela angústia gerada pelo conto, olhei o relógio, fiz o cálculo e vi que sim, era possível. Então sentei em uma das tantas poltronas, e bastou-me abrir o livro onde o tinha deixado para, em meio à gente toda que ia e vinha, em meio ao burburinho e aos chamados do alto-falante, voltar ao escuro silêncio do quarto assombrado, em que atrás da porta um fantasma esmurrava e esmurrava.

A realidade não é real

Quando acabei a leitura e emergi outra vez no aeroporto, estava duplamente feliz. Feliz por ter acabado a história, por ruminar essa sensação de coisa feita que a leitura nos dá — não de coisa feita por outro e meramente partilhada, mas realizada, como se nós mesmos tivéssemos desenhado de um só traço um ovo ou um círculo. E feliz porque confirmava — mais uma vez, e quantas serão necessárias? — que apesar do olhar profissional crítico, analítico, quase frio com que hoje em dia me aproximo de um texto, apesar de ter marcado aquele conto com várias observações técnicas, eu conservava intacto o verdadeiro prazer da leitura. Prazer de alta voltagem que nos arrebata e nos atira, mãos e pés atados, nos porões de uma fragata rumo a terras desconhecidas das quais, tantas vezes, preferimos ignorar o nome.

Proponho, justamente, que o procuremos.

Para chegar até lá, façamos um corte — ou uma ponte — e vamos falar um pouco de *real* e *imaginário*.

Real e imaginário, já se sabe, são duas categorias que, na nossa cultura, existem por oposição. Um é aquilo que o outro não é.

Basicamente, considera-se real tudo aquilo que é palpável, que pode ser conferido pelos sentidos. E os dicionários nos dizem mais, nos dizem que real é aquilo que é "verdadeiro, o que existe de fato". De acordo com essas definições, poderíamos afirmar que real é tudo isso que está aqui: esta sala, as cadeiras em que estamos sentados, esta mesa, eu e vocês.

A própria concretude, palpável, de cada um desses itens nos garantiria sua realidade.

Esse mesmo critério nos diz que o imaginário é constituído por aquilo que não se pode palpar, que não pode ser conferido através dos sentidos, aquilo "que só existe na imaginação". São imaginários os sonhos, as fantasias, as personagens literárias. Chapeuzinho Vermelho e a Sereiazinha são seres imaginários. E se aceitarmos que real é aquilo que é verdadeiro, que existe de fato, teremos que o imaginário é aquilo que na verdade não existe, que é falso. Chapeuzinho Vermelho e a Sereiazinha de Andersen não existem, são falsos.

Essas definições, e até mesmo essa rígida divisão em categorias opostas, soam para mim como absolutamente espantosas.

Ouso externar minha crença mais honesta, totalmente oposta ao pensamento vigente, e que para mim é uma verdade cristalina: a realidade, assim como a concebemos, não existe.

A realidade é apenas um conceito, um a mais entre os tantos que os seres humanos engendraram para organizar e para tentar compreender a vida.

Pois ao dizermos que uma coisa é real — um garfo, uma cadeira, esta mesa — temos que comprová-lo através dos nossos sentidos. O que equivale a dizer que a coisa terá que ser filtrada através da nossa percepção. Presumindo que as percepções humanas sejam iguais, teríamos um garfo, uma cadeira, uma mesa sempre igualmente percebidos. E portanto sempre iguais.

Ora, sabemos que as percepções humanas — exatamente por serem humanas — não são iguais, embora semelhantes. Disso resulta que não temos um único garfo, uma única cadeira ou mesa, estabelecidos por milhares de percepções uníssonas, mas um garfo, uma cadeira ou uma mesa resultantes da soma de milhares e milhares de percepções individuais. Não temos, portanto, uma cadeira de fato, uma cadeira real. Temos um objeto que convencionamos ser uma cadeira, estabelecido como sendo realidade.

A coisa se torna mais evidente se lembrarmos que um objeto ou ser não existe solto no espaço — mesmo porque não existem objetos soltos no espaço, nem mesmo as espaçonaves, que não estão soltas, estão trafegando e sob absoluto controle, e cujo espaço não é o nada, mas um espaço formado pelos outros espaços que o geram e que o rodeiam. Um objeto existe, e se estabelece como tal, em relação ao seu entorno. A cadeira, a mesa ou eu falando aqui fazemos parte de um conjunto cujas fronteiras se ampliam indefinidamente, constituindo um gigantesco organismo.

Desse organismo não conhecemos os limites. Não conhecemos a origem. Não conhecemos a função. Assim como não conseguimos responder, a respeito de nós mesmos, de onde viemos, para onde vamos e o que estamos fazendo aqui.

Sabemos que esse céu, tão leve e que nos pesa tanto, está cheio de Buracos Negros que sugam a matéria. Mas não sabemos exatamente por que, nem para quê. Até um tempo atrás sabíamos que havia um Grande Atrator que atraía todo o nosso sistema, inexoravelmente, para algum ponto distante.

Depois fomos informados da existência de uma força maior ainda, uma espécie de Grandíssimo Atrator que nos puxa a todos, inclusive ao Grande Atrator. Que força é essa? E aonde nos leva? E eu já estava com a conferência pronta quando os jornais nos informaram da descoberta de nada menos de seiscentas novas galáxias, ou seja, quase 100% a mais do que as que já conhecíamos. E a maioria delas está a uma distância da Terra entre 200 e 400 milhões de anos-luz (um ano-luz, vale lembrar, é a distância que a luz percorre em um ano à velocidade de 300 mil quilômetros por segundo). Afinal, de que tamanho é o universo? Ou, para sermos mais sinceros, o que é o universo?

Para a maioria dessas questões vitais não temos resposta. Algumas delas tentamos responder com cálculos matemáticos. Mas nossa ignorância é flagrante. Ignorantes do mundo, temos porém a pretensão de afirmar que esta mesa, plantada nesta sala, dentro deste prédio, nesta cidade do planeta Terra envolto em uma cadeia de interrogações às quais não sabemos responder, que esta mesa, repito, feita de uma madeira cuja essência desconhecemos — pois quem de nós pode dizer qual é a verdadeira essência de uma árvore, qual é o seu sentir, o seu estar no mundo? —, que esta mesa, desta madeira, é a realidade. Não só, mas que como realidade é oposta a todo o universo do imaginário.

Os sonhos que eu tive ontem, os sonhos que vocês sonharam paralelamente aos meus enquanto, cada um na sua cama, atravessávamos a longa noite comum, aquele pesadelo que levou um de vocês a acordar banhado em suor, esses são considerados menos reais que a mesa. Os sonhos, assim como as personagens de ficção, pertencem ao imaginário, e o imaginário, já vimos, é definido como ilusório, o que equivale a dizer: inexistente.

Entretanto, sabemos que o sonho não é aleatório. Não vamos entrar aqui nos longos corredores noturnos abertos pela psicanálise, corredores que, embora de outra maneira, eram percorridos muito antes pelos adivinhos (eu me lembro que quando era criança, na Itália, existiam nas casas lotéricas verdadeiros interpretadores de sonhos, pessoas que cobravam para traduzir o sonho da noite anterior em números certeiros para o jogo da Loto). Vamos dizer, mais simplesmente, que o sonho não sai do nada e, embora possa parecer o contrário, não inventa nada.

O sonho vive do real. Seleciona símbolos, fatos do cotidiano, imagens estocadas no computador interno do sonhador. E com eles constrói sua narrativa. Mesmo quando sonhamos com o inexistente, montamos essa inexistência com elementos que existem. Por exemplo, se eu sonho com um dragão, uma criatura que — dizem — não existe, eu o armo com escamas de peixe ou couro de jacaré, dou-lhe um corpo ondulante de serpente, asas de morcego, unhas de ave de rapina, dentes de tigre, bracinhos de dinossauro e ainda lhe ponho saindo pela boca labaredas iguais às de qualquer lareira doméstica. O dragão do meu sonho é um mosaico de possibilidades que pode não existir em si, mas que os elementos de que é composto, já entranhados nas minhas vivências, tornam perfeitamente aceitável.

O sonho, então, não inventa. Nada nele é completamente irreal, porque tudo o que cria é extraído da realidade, reproduz a realidade.

E é nessa identificação com o já conhecido que reside o segredo da sua eficiência. Pois o sonho usa as reproduções para escrever em linguagem cifrada. E necessita ser compreendido.

Podemos dizer que o sonho é uma grande mensagem criptográfica. Ou, ainda, que é o império da metáfora.

E é claro que, se eu escrever uma mensagem criptográfica com todos aqueles desenhinhos e se os desenhinhos não forem identificáveis, a mensagem será ilegível e, portanto, inútil; assim como minha frase seria inútil se eu dissesse: "as ondas arrastavam sobre a areia a renda das suas anáguas" para alguém que nunca viu o mar, não sabe o que são anáguas e muito menos o que é renda.

Vocês vêem que estamos nos aproximando da narrativa... prometo que daqui a pouco chego lá.

Para essa nossa conversa, porém, mais importante que a mensagem é o seu emissor. Não nos basta dizer que o emissor dos sonhos é o sonhador. O que conta é que parte do sonhador. A mensagem criptográfica é escrita por aquela parte do ser formada pelas emoções mais profundas, pelos grandes sentimentos, pelos sentimentos que estão na própria origem do ser. É o seu magma, a sua incandescência. A sua transcendência.

E a mensagem é escrita para que o magma do ser se comunique com a sua superfície, para que lhe dê sentido, ancorando-a naquela amplidão do universo que os conhecimentos conscientes não alcançam, mas que — ela e só ela — a justifica.

Dissemos que se considera real aquilo que captamos através dos sentidos. Eu não conheço nada tão intenso quanto as percepções sensoriais dos meus sonhos. Esses sonhos tecnicamente considerados inexistentes, que são coloridos, são musicados, têm cheiros sutis. Que me permitem ver muito mais que a visão cotidiana, ver pluralmente, mais de uma coisa ao mesmo tempo, e através das paredes e através das pessoas. E que, modestamente, têm me rendido maravilhosas e completas experiências sexuais. Já naquilo que é considerado realidade, sou incapaz de dizer pelo faro se algum ser — excluído o gambá — cruzou meu caminho, tenho a audição prejudicada pelos ruídos urbanos e pelo rock, o tato questionável, o paladar viciado, e a visão... bem, a visão já se vai.

Falo de sonhos como poderia estar falando de criação. Da minha criação pelo menos, a única que me é dado conhecer internamente.

Ali também tudo é reconhecido pelos sentidos. Quando ando na arquitetura da história que se faz, ela não é irreal e, muito menos, falsa. Como o sonho, a história não nasce do nada. O lugar que ela ocupa em mim, a partir do momento em que passa a existir, não estava vazio antes dela, mas tomado, prenhe da latência da história. Ela ocorre gerada por um impulso externo, uma mínima provocação que repercute em ecos dentro de mim, e dentro de mim se avoluma. Algo como uma minúscula gota de mercúrio rolando ao meu lado, que é atraída para dentro, sugada e incorporada ao mercúrio interno.

E essa história se concretiza a partir do meu desejo de fazê-la ocorrer, desejo que se traduz em uma espécie de absoluta disponibilidade da alma para recebê-la.

Desde o início se configura visualmente. Eu a vejo. E a sinto. Às vezes à distância, às vezes ainda indistinta quanto a seu rumo, podendo tornar-se ela mesma ou outra, mas logo clara, e mais intensa, muito mais intensa que qualquer cadeira ou mesa. Pois ao gerar a história não sou apenas sua espectadora, como sou espectadora desta cadeira e desta mesa. Ao gerar a história, eu sou a carne da história e a minha própria carne torna-se cadeira e mesa, e eu sou os sons e os cheiros e o vento e a luz. Que não chegam a mim, como a presença desta mesa, mas que estão em mim.

Nenhuma outra experiência sensorial é mais emocionante para mim do que essa. Nem nada é para mim mais real.

O prazer da grande viagem

Vamos cruzar de volta aquela ponte do início. Estamos outra vez no saguão do aeroporto, acabei a leitura do conto de terror, estou tomada de prazer e refletindo sobre esse prazer.

Digo a mim mesma que poderia estar sentindo algum prazer mesmo se tivesse acabado de ler um best seller de segunda categoria. Um prazer certamente mais leve, de puro entretenimento, que logo se diluiria sem deixar resíduos.

Ou poderia estar sentindo prazer se tivesse lido um ensaio bem formal. Prazer intelectual, pragmático, pelo conhecimento adquirido.

A leitura, penso já atravessando o aeroporto rumo a um táxi, nos fornece vários tipos de prazer, de diferentes intensidades. Nem todos os livros são fragatas. E a maioria deles não nos leva a terras distantes. A maioria, a bem dizer, não nos leva sequer além da esquina.

Mas sinto que meu prazer é aquele de natureza mais intensa. Demorará a se diluir, deixará resíduos, e não é de origem intelectual, mas emocional. É o prazer da grande viagem.

Qual foi essa viagem? E por que a intensidade do prazer?

Poderíamos dizer que a viagem é aquela que, vencendo o cinto de segurança, me arrancou do assento no avião, levando-me a uma casa cinzenta e abandonada, na costa inglesa, a casa onde se abriga o sinistro Ser das Trevas. Mas essa é simplesmente uma viagem narrada, da qual tomei parte, geradora de um prazer superficial, de entretenimento. A viagem verdadeira, a grande viagem, não é essa mais visível. É a outra, oculta por trás dela. É a viagem que, arrancando-me da categoria do real, me introduziu na categoria do imaginário.

Vou mais além. É aquela que, arrancando-me do real, me introduziu no mais que real.

O real é pequeno. O real pouco nos explica. O real nos angustia com suas lacunas. É no mais que real que encontramos o equilíbrio, o bem-estar. E o mais que real se situa no imaginário.

Pois o imaginário nasce da essência mesma do ser. Nasce de um ponto anterior às perguntas "de onde viemos?", "para onde vamos?" Um ponto onde essas perguntas não são necessárias, porque o próprio ponto é a resposta.

É o mesmo ponto onde uma cadeira não é uma cadeira, mas é o "estar no mundo" da árvore.

É o ponto que, ele sim, está em harmonia com o cosmo. Que participa dos Buracos Negros e dos Grandes Atratores, que se estende até os confins do universo.

E, porque se origina nesse ponto, o imaginário nos reaproxima dele.

Viajar no imaginário é voltar à integração. E é disso que se origina o grande prazer.

No reverso da palavra

Ao sair do real, saímos também do cotidiano, do tempo mensurável. Saímos do medo da morte que o tempo inexoravelmente nos traz. Ingressamos no espaço sem fim e sem tempo, onde não viemos do pó e ao pó regressaremos, porque sempre fomos e sempre seremos.

Quando lemos um conto de casa assombrada, um bom conto como o que li no aeroporto, e nosso coração se acelera, não é por medo daquele fantasma, daquela casa. Se fosse assim, um relato direto, não literário, seria suficiente para despertar a mesma emoção, com igual intensidade. Mas nosso coração não se acelera quando lemos no jornal histórias de violência, bem mais apavorantes. E isso, não porque não tenhamos medo da violência, mas porque o texto do jornal, assim como qualquer texto puramente objetivo, nos remete à realidade, nos conserva atados ao universo do cotidiano.

É a metáfora que nos alça ao imaginário. Como no sonho, só através de signos e metáforas o imaginário se expressa e se deixa penetrar. Pois o imaginário não é a palavra. É o que está por trás da palavra.

Não por acaso, a literatura do sobrenatural, ou seja, aquela mais claramente ligada ao que existe antes e depois da vida, começou com histórias de casas mal-assombradas. A primeira foi escrita por Plínio o Jovem, no século I, e conta como o filósofo Atenodoro, procurando em Atenas uma casa para alugar, encontra uma, baratíssima, e pesquisando descobre que a desvalorização se deve à presença de um fantasma. Disposto a enfrentá-lo, Atenodoro aluga a casa.

Não é muito diferente da história que li no avião, da Casa Troon, igualmente vazia, igualmente oferecida em aluguel, igualmente infestada por um fantasma e, em seguida, igualmente habitada por alguém que se dipõe a enfrentá-lo.

Meu rápido relato de casas e fantasmas na certa não chegou a emocionar vocês. Entretanto, através dos séculos, essa estrutura e esses elementos têm se comprovado enormemente eficientes. Segundo o próprio Plínio, já havia versões orais antecedendo seu texto, e desde então podemos encontrar os mesmos componentes em centenas de histórias.

Vejamos onde reside a eficiência. As palavras nos contam de uma casa e de um fantasma, um ser vindo do além. Mas por trás das palavras a casa é um corpo humano, e a presença do além é a morte que o assombra desde o momento em que nasce. E onde as palavras nos contam que a casa está vazia porque ninguém se atreve a enfrentar o fantasma, o reverso das palavras nos diz que quem não enfrenta seus medos não é dono de si, não se habita. E quando as palavras nos relatam como a personagem decide assumir a casa, enfrentar o fantasma e derrotá-lo ao fim da história, lemos por trás delas que a coragem é possível, que nossa vida nos pertence na medida em que enfrentamos a morte, até o fim daquela breve história que é a nossa.

Por trás de todas as histórias de casas assombradas com ventos que uivam e portas que rangem, há uma única e grandiosa história, a do pequeno ser humano enfrentando corajosamente sua finitude. E porque essa história se passa no espaço sem fronteiras do imaginário, a luta representa a própria razão de existência do ser.

Essa é a realidade mais profunda, o real mais que real.

Uma sereia de fundas águas

E, no entanto, com quanta irônica empáfia nossa cultura considera qualquer máquina — um trator, um telefone ou mesmo aquele avião do qual fui seqüestrada com tanta facilidade — mais real, muito mais real que uma história de casa mal-assombrada.

Ilusórias as histórias, ilusórios com elas seus personagens. Quem ousaria dizer que Chapeuzinho Vermelho é real? Nem mesmo o filho da minha amiga, de dois anos apenas, que há poucos dias me mostrava o livro do qual conhece perfeitamente a história, e apontando o lobo dizia "lobo mau! lobo mau!" e batia na ilustração; e que poucos momentos depois tirou da boca um pedaço de biscoito que estava comendo, o apoiou na folha, entre as mandíbulas abertas da fera, e logo em seguida, escondendo-o depressa com a mão, me disse "comeu!" Nem mesmo ele, que será para sempre habitado por uma menina de capuz vermelho e um lobo que quer devorá-la na cama da avó, diria que eles são reais, porque junto com a história já lhe ensinaram outra lição: eles são "de mentira".

De mentira também é a Sereiazinha. E quanto eu chorei por causa dela quando era menina! Quantas vezes li sua história sabendo que ia chorar, e indo em busca daquele estremecimento interno de onde, eu bem sabia, nasciam as lágrimas!

Vi-a, afinal, dois anos atrás. Eu estava na Dinamarca. Havíamos feito uma pequena viagem ao interior, e regressávamos a Copenhague com um casal de amigos — ele, o autor e crítico de literatura infantil cubano, Joel Rossel, e ela, Françoise Couchot, adida cultural francesa. Com eles havíamos estado na cidade de Andersen, visitado a casa de Andersen, o museu de Andersen, falado de Andersen, respirado Andersen. E agora já era noite, chuviscava, estávamos todos cansados e com fome, mas ela disse: "Vou fazer um pequeno desvio, porque quero que Marina veja uma coisa." Fez o desvio. Parou junto a um talude baixo. Só eu saltei. Os outros esperaram no carro. Subi o talude. E, de repente, a vi.

Ali estava ela, sentada sobre a pedra rodeada de mar, o corpo de bronze molhado pela chuva como se tivesse acabado de emergir da água escura, o rosto ligeiramente inclinado, melancólico. Estava ali, sozinha, pequena.

Eu sempre havia pensado, pelas fotos, que aquela estátua estivesse no lago de algum parque. Mas agora percebia que não, estava no porto. E lá longe, por trás da sua cabeça, eu via as luzes da cidade, dos navios ancorados, de um transatlântico. Era para lá que ela olhava, talvez na esperança de ver o príncipe em uma daquelas embarcações, como o havia visto a primeira vez no seu veleiro.

Eu a amei naquele momento, intensamente. Eu a amei com a mesma intensidade com que a amava quando era criança. E fiquei ali, olhando para ela sentadinha naquela pedra, com a mesma sofrida impotência, o mesmo inútil desejo de ajudar com que a tinha visto tantas vezes descer à morada da bruxa no fundo do mar, acordar com pernas de mulher, e dançar, dançar, dançar com o príncipe até desfazer-se em espuma.

Sim, porque eu a via quando lia sua história. E ela era mais viva e fresca e real na suposta irrealidade do meu imaginário do que esta agora à minha frente, estátua de bronze fria que, ela sim, era apenas uma representação da outra.

A realidade com que ela viveu no meu pensamento certamente não é só minha. Andersen é idolatrado na Dinamarca. Em cada cidade, em cada praça ou esquina há uma estátua, um busto, uma medalha, uma placa de Andersen. Pareceria lógico e justo que fosse ele o símbolo da capital. Acho que até tentaram, com uma estátua grande, de corpo inteiro, que tem lá num jardim. Mas não deu. O símbolo de Copenhague é ela, ela é que está nos cartões-postais, nos folhetos da cidade, nas fotos de tantos turistas, ela, a Sereiazinha. O criador perdeu para a personagem. E não por falta de glamour em sua própria vida. Mas porque só a personagem, gerada pelo imaginário, pode levar-nos de volta até ele, pode conduzir-nos ao real mais que real. Só a personagem tem suas raízes entrelaçadas com as nossas próprias raízes.

Quem é ela, e o que nos conta, para ir tão fundo? À primeira vista, uma história de amor. Uma história de amor entre diferentes, uma história de amor e de renúncia ou de amor e de entrega. Já teríamos aí um bom conteúdo.

Mas ela nos conta muito mais. Renunciando à cauda de escamas para adquirir pernas e ser amada pelo príncipe — e não estou falando aqui apenas de amor homem/mulher, estou falando de amor no seu sentido maior, amor como gerador da vida, amor como a vida em si —, ela nos diz que para realizar o amor, para realizar a vida é necessário abrir mão de uma parte de si e adquirir outra, adquirir uma parte do outro. É necessário sofrer transformações. E nos diz — porque a bruxa diz a ela que o processo para ganhar as pernas será muito doloroso, e ela desmaia de dor depois de tomar a poção mágica — que essas transformações doem e assustam. E mais doem e mais assustam porque sabemos, como a Sereiazinha sabe, que teremos que acabar em espuma.

E mais podemos ler. A Sereiazinha nada no mar, na água salgada, e para enfrentar o amor/vida tem que abandoná-la, tem que ter pernas. Isso nos diz que para enfrentar a vida precisamos abandonar o líquido amniótico e ter pernas, pés que nos permitam pisar na terra com firmeza. E pensando nisso, em como essa criatura que nada no mar perde a cauda para entrar na vida, eu fui verificar e sim, é claro que sim, o espermatozóide também perde a cauda quando penetra no óvulo e o fecunda. A Sereiazinha acabará desfazendo-se em espuma, voltando à água de onde veio, como todos nós aqui acabaremos nos desfazendo, voltando à origem, à integração do cosmo, de onde viemos.

A história da pequena sereia criada por Andersen não é uma história qualquer. É uma doce e maravilhosa parábola da vida. E se faz tanto sucesso com as crianças do mundo inteiro, que certamente não praticam os desmontes conscientes a que nós adultos e sobretudo nós criadores e estudiosos de literatura somos levados, é porque as parábolas, como as metáforas, pertencem à linguagem dos sonhos, do imaginário. E não necessitam de desmontes para serem apreendidas.

Segundo Congreso de las Americas de Lectoescritura,
San José, Costa Rica, 1995.

Erros e acertos de uma mãe contaminada

A carta-convite da Fundação Ratón de Biblioteca me deu duas escolhas: falar de teoria ou de experiência pessoal. Sempre que me abrem essa porta, deixo a teoria para os teóricos e corro para a experiência pessoal. Que depois, eventualmente, encharco de teoria. Mas sob disfarce.

E a experiência de que me foi oferecido falar é a de mãe de família.

Devo explicitar que, em questões de leitura, nunca fui uma mãe pura. Sempre fui uma mãe contaminada. Ou seja, sempre fui mãe e escritora ao mesmo tempo. Sempre tive com os livros uma relação de voltagem muito superior à das outras mães.

E como mãe de alta voltagem, é certo que cometi inúmeros erros (nem haveria de querer desmentir Freud, que tão generosamente atribuiu a nós mães infindável capacidade de errar).

Comecei errando, muito antes do parto, antes mesmo da gravidez, ao achar que a possibilidade de ter filhos que não gostassem de ler era tão remota quanto a de gerar meninos japoneses, sem ter casado com um japonês. Tinha uma espécie de certeza entranhada de que o amor pela leitura está gravado em nosso DNA e que passaria para meus filhos, inapelavelmente, junto com a cor dos olhos e cabelos. Eu não precisava me preocupar.

Fundamentava essa certeza na minha própria vivência infantil. Alfabetizada muito cedo — por volta dos cinco anos —, não tenho memória anterior à presença de livros. Até onde consigo lembrar, há livros em alguma parte. Os livros sempre foram meu melhor brinquedo, meu e do meu único irmão. E não me lembro de nenhuma pressão familiar explícita para o exercício da leitura — o fato de me municiarem constantemente de livros não foi vivido por mim como uma pressão, mas como a mais pura expressão da generosidade. E a paixão por eles me parecia um fenômeno natural. Ramificava assim meu erro, ao confundir minha infância com aquela que seria a infância dos meus filhos.

Esse erro, que já por si era considerável, foi adubado com o nascimento da minha primeira filha. O médico a puxou para a vida, não pelos pés como costuma acontecer, mas pelo livro que ela vinha lendo e que se recusava a abandonar. E em vez de me dizer se era menino ou menina anunciou: "É leitora!" Eu achei normalíssimo.

Quando a trouxe da maternidade para casa, ela já encontrou no quarto uma estante muito maior que o armário — afinal, as roupas se renovam, são jogadas fora quando ficam pequenas ou gastas, mas os livros, todos, se conservam e só fazem multiplicar-se. Na estante, demonstrando essa teoria, já estavam livros que haviam sido meus quando pequena, e que ela leria quando crescesse. Nem sequer me preocupei com o fato de que eram em italiano.

Aqui eu tenho que fazer um parêntese, que demonstra mais claramente a extensão dos meus equívocos. Embora tendo nascido na África, sou italiana, e fui criada na Itália, em uma família italiana, até os dez anos. Toda a minha relação de base com a leitura está, portanto, ancorada em uma cultura na qual o livro desempenha um papel de destaque, e ler é uma forma de valorização social.

Já as minhas filhas são brasileiras, nascidas e criadas num país em que o papel do livro não é, nem de longe, o mesmo. Lembro que, quando eram meninas, eu costumava comprar livros para dar de presente nos aniversários das amiguinhas. E acabei passando pelo mesmo constrangimento vivido por outras mães leitoras: um dia elas me pediram para parar com isso, que eu comprasse brinquedos, pois seus presentes eram sempre mal recebidos.

Eu, simplesmente, ignorei essa diferença fundamental.

A primeira filha cresceu lendo, enquanto eu escrevia, enquanto eu fazia traduções, enquanto eu revia meus textos para a imprensa. Cresceu embalada pelo bater da minha máquina — ainda estávamos na era pré-computador —, ganhando livros e vendo os livros se acumularem pela casa. Tudo continuava me parecendo muito natural.

E nasceu a segunda filha.

Aí as coisas começaram a não dar certo.

Como a primeira, a segunda também foi recebida em seu quarto verde-alface por uma bela estante com livros. Livros cuja quantidade foi aumentando antes mesmo de ela aprender a ler. Mas que, à diferença da primeira, não pareciam atraí-la minimamente.

Aos poucos, comecei a desconfiar de que tinha tido uma filha japonesa. Ela não era como eu. Nem como o pai, o poeta Affonso Romano de Sant'Anna. Nossos genes, juntos, não tinham tido o menor poder. Temerosos, nos perguntávamos o que era pior, se desacreditar das teorias da hereditariedade de Mendel, ou aceitar que o amor pelos livros não se inscreve no DNA.

A coisa foi ficando mais evidente com o passar do tempo. A menina recusava-se a ler. De nada adiantava dar-lhe livros. Muito menos levá-la a livrarias para que escolhesse o que mais lhe apetecia. De nada adiantava a irmã mais velha tentar aliciá-la com descrições saborosas de suas aventuras livreiras. Inútil o esforço do colégio. Inútil a escolha de um colégio progressista. Inútil, completamente inútil a visão dos pais, sempre às voltas com livros, ou da casa, onde os livros iam ocupando todos os espaços.

Nenhuma das teorias de que eu tinha conhecimento funcionava com ela. E a prática, muito menos.

Affonso e eu chorávamos pelos cantos.

E ela, tripudiando do nosso sofrer e afirmando sua posição, lançou um dia a frase-bofetada: "Nessa família não preciso ler. Vocês já estão cobrindo a minha cota."

Nessa altura, quase errei mais uma vez, acreditando que o mal fosse definitivo. Salvou-me o amor de mãe, com sua infinita capacidade de esperança na recuperação dos filhos.

E, de fato, minha filha adoeceu. Pegou uma hepatite capaz de arrasar exército napoleônico. Ficou de cama seis meses. E no meio desses seis tediosos meses, como são Francisco com suas febres, ela teve a revelação. Estava então com 15 anos.

A revelação se deu com o livro *Eu, Christiane F., drogada e prostituída*, que nem sei mais como chegou às suas mãos. Leu. E releu em seguida quatro vezes. E assim como a irmã havia saído do útero agarrada a um livro, assim ela emergiu da doença abraçada a toda a biblioteca da casa. Leitora tardia, queria aplacar a fome atrasada.

Essa filha, portanto, pulou de pés juntos das narrativas orais, através das quais, na primeira infância, eu tentava fazer com que reis e dragões a conduzissem à leitura, para o mundo da droga e da prostituição juvenil de Christiane F.

Então parei, tentando analisar o que havia acontecido.

Revi o erro da superposição da minha infância à dela. Eu fui criança durante a guerra. Meu pai, por questões de trabalho, era constantemente transferido. Moramos em hotéis, em casas por pouco tempo alugadas. Somente durante um ano meu irmão e eu freqüentamos colégio regular. Os amigos que eventualmente fizéssemos eram deixados para trás a cada nova mudança. Nem era possível, nos deslocamentos dificultados pelo recrudescer da guerra, levar brinquedos. Mas alguns livros sempre cabiam nas malas, e outros eram comprados ao chegar. E através dos livros podíamos recriar todo um universo de companhia e jogos. Ler era para nós, muito antes que se tornasse *slogan* de cinema, a melhor diversão.

Minha filha — ocupemo-nos aqui da que não nasceu leitora — foi criada em Ipanema. Numa cidade que parecia um eterno *playground*. Na era da televisão. Cheia de amigos, praias, programas. Em um colégio animado, inteligente, com atividades paralelas. É provável que não visse os livros como fonte de prazer, mas como algo que tomaria o tempo de um prazer mais imediato, ou pelo menos mais evidente.

Talvez deva bater no peito. Vendo-nos a mim e ao pai sempre às voltas com os livros como trabalho, e não partilhando o prazer silencioso e egoísta que se sente no ato de escrever, pode ter introjetado a sinistra imagem do livro como um dever.

Bato de novo. É provável que uma certa, constante embora jocosa, insistência nossa para que lesse reforçasse essa imagem.

E podemos até especular se o fato de ser na família a única que não lia não era usado por ela como uma forma distintiva.

É evidente, porém, que o pouco que havia lido na infância não havia conseguido lhe transmitir a sensação de que os livros contêm coisas importantes e prazerosas.

Até hoje tento entender por quê.

Tinha à sua disposição, desde o início, vasta escolha. Entre o que lhe era oferecido estava, sem sombra de dúvida, o melhor. Podia pegar um livro, começar e, se não achasse interessante, trocá-lo na mesma hora por outro e por outro ainda, até achar o que lhe agradasse, sem qualquer tipo de problema — como observações da nossa parte ou até mesmo restrições econômicas. Não estava, nessa caçada, limitada à temível faixa etária. Pois dispunha de livros para todas as idades, uma vez que a irmã leitora é seis anos mais velha. Nem estava presa às escolhas da irmã, já que, como autores e jornalistas, meu marido e eu constantemente recebíamos livros das editoras.

O fato inegável é que, apesar disso tudo, nenhum livro aderiu nela. Até *Christiane F.*

Como autora de livros para crianças e jovens, me detive atentamente nesse livro. O que ele tem de tão atraente? A primeira resposta que me ocorre é: a realidade. Uma realidade negra. Uma realidade de abismo, medo e fascinação.

Quando minha filha era pequena e eu lhe contava a história de Chapeuzinho Vermelho, percebi que, todas as vezes, os olhos dela brilhavam mais intensamente quando entrava em cena o lobo. Tive certeza, então, de que Chapeuzinho não é a personagem predominante — ela é até inocente, boba demais —, a grande personagem é o lobo, e as crianças gostam que Chapeuzinho seja devorada, para reafirmar a força e a esperteza da fera.

Eu, Christiane F. é um livro de lobos.

Mas Christiane não é uma Chapeuzinho inocente, nem muito menos boba, que cai na cama do lobo acreditando estar se deitando com a avó. Christiane sabe muito bem que cocaína é cocaína, que heroína é heroína, e o que essas drogas fazem no organismo. Ela vai em busca do lobo justamente porque ele é o lobo, e o lobo seduz. E indo ao encontro do lobo, Christiane se torna o lobo de si mesma.

Christiane F. tem mais dois poderosos elementos de aderência. Um é o fato de não ser narrado por terceiros. A narradora é ela, a Mogli, a menina-loba, e é através dos seus olhos amarelos que vemos a selva dos banheiros públicos de Berlim, das estações, dos pontos de encontro dos drogados, das camas e apartamentos partilhados na grande viagem coletiva. O outro é o fato de ser uma autobiografia. O que está sendo narrado, as fugas e recaídas de Christiane na caçada entre ela e o seu lobo, não tem apenas aparência de vida, é vida real transcrita.

Esse livro lançou âncora na alma da minha filha, abrindo-lhe o caminho para a leitura, porque era o livro certo no momento certo.

Ele a pegou em um ponto de virada na vida, em que ela se preparava para deixar a adolescência e entrar na juventude — e que tão confusas e embaralhadas são essas fronteiras! Ele a pegou entediada e talvez até deprimida, em uma situação em que as distrações externas se encontravam forçosamente reduzidas. E a lançou em um universo de intensidade infinitamente superior ao que ela poderia viver naquela época, mesmo sem qualquer hepatite. Ele abriu para ela, de par em par, o mundo das drogas, que, como acontece com qualquer jovem em nossa sociedade, acenava para ela no cotidiano.

Sem que ela se desse exatamente conta, o livro lhe permitiu experimentar as drogas, conhecer o breve êxtase, e os suores, as crises de abstinência, a prostituição. Lhe permitiu ir até o lobo, de maneira fantasmática, saciando a curiosidade e domando a atração, sem necessidade de transformar-se em seu próprio lobo e estender o braço para um pico em um banheiro qualquer. Ela foi e voltou, sem riscos. E quando deu conta de si, tinha aprendido a viajar.

Poderia ter aprendido antes, com os contos de fada, com *O pequeno príncipe* ou com Emília, como eu e o pai dela tanto desejamos e como tentamos, tantas vezes, propiciar. Mas isso não aconteceu. Pode ser que a metáfora, de que eu como autora tanto gosto, não fosse a linguagem mais apropriada para ela naquele momento. Ou pode ser que, na época em que a metáfora a teria fisgado, sua libido se encontrasse ocupada em outro território. Parece-me importante dizer que a entrada na leitura através da porta da realidade não a afastou da ficção. Apenas, para ela, a ficção veio depois.

É provável que o livro certo tenha passado por ela várias vezes em momentos que não eram o momento certo. E podemos acreditar que, em momentos certos, os livros que lhe caíram nas mãos não foram os de que ela precisava.

Olhando para o passado, apesar dos equívocos, não vejo nada que eu devesse ter feito para encaminhá-la à leitura e que não tenha feito. Nem nada que eu tenha feito e não devesse. Olhando para o presente, em que os livros se acumulam no quarto dessa filha como já se acumulavam no da outra, não posso sequer dizer que toda a nossa teoria — minha e do meu marido — e toda a nossa prática não deram certo. Posso apenas, humildemente, dizer que deram certo a seu modo e seu tempo, independente da nossa insistência e da nossa expectativa. E que tudo se somou e fez sentido no momento em que um livro lhe demonstrou que o que ela estava lendo em suas páginas não eram caracteres. Era a vida.

II Coloquio Internacional del Libro Infantil,
Medellín, Colômbia, 1993.

Poesia de coração gentil

A janela é estreita, a torre é alta. Lá dentro uma dama suspira sua solidão. Uma grande ave vem chegando cá fora. A ave entra pela janela, transforma-se num cavaleiro, e diz à dama que sempre a amou e muito a desejou em seu coração, que nunca amou nem amará outra que não ela.

Assim é o amor nos lais de Maria de França. Uma força que está no ar, a caminho, poder de metamorfose que mudará para sempre a vida dos seus protagonistas.

Acompanhando-se com a harpa, Maria cantava os contos celtas e bretões que havia versificado. E foi justamente ali, nas antigas estradas da Bretanha, que Antonio Furtado[*] deparou-se com ela. Diante daquele cavaleiro sem cavalo e sem couraça, de camisa clara aberta no pescoço e

---

[*]Antonio Furtado, doutor em Ciência da Computação pela Universidade de Toronto, Canadá, professor da Pontifícia Universidade Católica do Rio de Janeiro, analista de textos medievais, autor do livro *Artur e Alexandre* (Ática, 1995), e de artigos publicados na revista *Arthuriana* (editada pela Southern Methodist University).

bragas longas como ela nunca havia visto, Maria não soube de imediato que estava diante de um brilhante professor de informática, autoridade internacional em bancos de dados. Olharam-se por instantes. Havia talvez um tordo sobre um galho. A tarde já caía ou começava. E Maria soube pelo olhar que o homem de sapatos empoeirados havia tempos caminhava naquelas estradas, e que como ela era um caçador de histórias. Antonio Furtado não teve tempo de explicar que ia seguindo as pegadas de Artur, o rei, e de seus cavaleiros da Távola Redonda. Não chegou a dizer que não podia parar, porque aquelas histórias eram o seu Graal e a busca não tinha fim. Antes que ele dissesse qualquer coisa, Maria de França pousou os dedos sobre as cordas da harpa, começou a cantar um lai de amor. E Antonio Furtado quedou-se, seduzido.

Para fazer surgir o amor, nesses lais, basta a palavra. "Ouviu falar da jovem e começou a amá-la", "O rei ouviu muitas vezes como a elogiavam. Saudou-a mil vezes, enviou-lhe presentes, cobiçava-a sem nunca tê-la visto." "Ela ouviu falar de Milun, muito se enamorou dele." Relatos, descrições, comentários, conversas de cavaleiros rumo à caçada ou à batalha, conversas de damas diante do bastidor, conversas de corte. Num mundo de imagens tão raras, a palavra é o verdadeiro veículo. E a palavra basta para despertar o amor porque, bem mais do que o olhar, é capaz de criar aquela pessoa fantasmática sobre a qual o ser ansioso de bem-querer moldará suas fantasias e seus desejos. É sobre idéias que se constrói o amor ideal. E é de amor ideal que se trata.

As donzelas e cavaleiros dessas narrativas não amam de um amor qualquer. Nem improvisam o seu amor. Embora pareçam não sabê-lo, são personagens, ou cobaias, de uma forma de amor recém-inventada, um conceito que sem afastar o amor da sexualidade faz dele o sentimento redentor por excelência. É o amor cortês. Restrito às elites, ultrapassaria os altos muros de castelos e feudos levado pelos trovadores, pelos menestréis, pelas narrativas dos contadores de histórias. A tal ponto impregnaria nosso imaginário amoroso, que muitos estudiosos colocam ali o nascimento do amor tal como o vivemos hoje, e os séculos XII e XIII ficaram conhecidos como "os séculos do amor".

Les Baux é hoje um amontoado de ruínas no topo de uma alta esplanada montanhosa. Fora da estação turística, há apenas piar de pássaros e o soprar constante do vento. Mas quem, como eu fiz um dia, passeia entre aqueles restos de paredes cobertos de musgos e matos, derrocada lembrança de um dos mais importantes centros culturais da Provença, crê ouvir ainda o som dos alaúdes, os poemas dos trovadores, e acima deles as vozes femininas que, firmes e gentis, ditavam as sentenças nos tribunais do amor.

Existiram mesmo como tais esses tribunais? Durante muito tempo, devido talvez à freqüência com que surgem na poesia trovadoresca pedidos de conselhos e julgamentos de casos amorosos feitos a damas de renome, acreditou-se que sim. Hoje considera-se que, mais do que tribunais propriamente ditos, os julgamentos de amor fizessem parte dos deveres do suserano, responsável pela justiça entre os vassalos; deveres que, nas cortes medievais onde as mulheres podiam ter muito destaque, eram freqüentemente partilhados pela suserana. Fossem como fossem esses julgamentos, baseavam-se nas severas regras que regiam o amor cortês, regras recolhidas no tratado de André o Capelão, *De Amore,* que, embora dizendo-se inspirado em *A arte de amar*, de Ovídio, baseava-se, sobretudo, no modo de vida feudal.

Europa afora expandiam-se as regras, atingindo a Itália, a Espanha, o norte da França. Atingindo, certamente, Maria, mulher culta, em sintonia com o seu tempo. Pois, embora seus lais se baseiem em narrativas folclóricas provavelmente mais antigas, transparecem na versão rimada os conceitos corteses.

O casamento — como na primeira regra de André o Capelão — não é, para as personagens dos lais, desculpa válida para não amar, nem o adultério é motivo para qualquer sentimento de culpa. Não há limites para a fidelidade dos amantes; durante vinte anos um casal enamorado se comunica somente através de cartas trazidas por um cisne; outro casal se ama só à distância conversando na janela; durante mais de dois anos Guigemar, fiel à sua dama, recusa qualquer donzela. O verdadeiro cavaleiro é generoso; e Guigemar "distribuiu muitos bens antes de ir-se!", Lanval "dava ricos presentes (...) Não havia estranho ou íntimo a quem Lanval não tivesse presenteado." Milun dava aos cavaleiros pobres "o que ganhava dos ricos e os sustentava, gastando com muita largueza". A mulher, aparentemente submissa, faz o que o homem pede, atende os seus desejos, mas o cavaleiro enamorado estará para sempre a seu serviço, "cumprirei vossas ordens", diz Lanval.

Sobretudo, os lais de Maria desenvolvem-se ao redor do conceito que constitui o cerne do amor cortês: o amor verdadeiro é fonte de todo o bem, ele purifica o homem e a mulher, e os obstáculos com que se deparam só fazem exaltar sua nobreza e seu valor. Dois lais apenas parecem não obedecer a essa regra, *Equitan* e o *Homem-Lobo*. Mas fugir a uma regra pode equivaler a demonstrá-la por oposição, e já se vê que o amor da maligna esposa do senescal e da egoísta esposa do "*garwaf*" não era verdadeiro.

A idade das mulheres

Girbalda, Gislildis, Agleberta, Adruhic, Altildis, Gisledrudis, Eusebia, Vera, Agnés. Quem são elas? Nove freiras que, nos primeiros anos do século IX, copiaram um documento religioso para o arcebispo de Colônia, e assinaram seus nomes. Nove mulheres da Idade Média que comprovadamente sabiam escrever.

Ainda em 1988, no prefácio do seu livro *Mâle Moyen Age*, Georges Duby afirmava que a Idade Média foi uma época masculina, e que as mulheres só podiam ser ali encontradas através do filtro das palavras ou das expressões masculinas.

Referia-se, com certeza, ás camadas pobres da população. Pois, entre a aristocracia, o quadro apresentava-se bem diferente.

As jovens aristocratas eram geralmente educadas em mosteiros; como o de Gandersheim, na Alemanha, onde foram educadas as filhas da família real da Saxônia, e que dispunha de uma biblioteca rica em manuscritos raros. Ou o de Ratisbona, que nos legou um precioso testemunho da cultura feminina no século XI: ali, um grupo de noviças ou alunas, demonstrando conhecimentos de Ovídio e dos romances de cavalaria, compôs versos em latim, ditando normas de comportamento para os jovens que delas quisessem se aproximar.

Havia ainda, para as moças nobres ou simplesmente ricas, a possibilidade de ampliar seus conhecimentos através de um educador particular. É o caso de Heloísa, que, tendo deixado o convento de Argenteuil porque as freiras já não tinham o que lhe ensinar, foi, aos 17 anos, entregue por seu tio a Abelardo, na época o mais brilhante professor de Paris.

Maria de França, seja qual for sua identidade, era, ela também, uma mulher preparada, falava línguas, conhecia o latim, provavelmente havia lido os clássicos. Não era uma exceção na sua época. Pelo contrário. Inseria-se num universo feminino povoado de nomes brilhantes, mulheres que através do seu poder e da sua inteligência imprimiram novos rumos à cultura da Europa.

Já antes dela, brilhava na Inglaterra a rainha Matilde de Flandres, que concebeu e supervisionou a feitura da Tapeçaria de Bayeux, monumental bordado no qual se faz um relato histórico da conquista da Inglaterra pelos normandos. Na Itália, outra Matilde, da Toscana, foi governante iluminada, e Adelaide de Susa, também na Itália, governou com seu marido Otto de Savóia e após sua morte, tendo sido patrona das artes e mecenas dos trovadores. Na França, Eleonora de Aquitânia, uma das mais poderosas mulheres da sua época, rodeou-se de artistas e de poetas em suas cortes, da França e da Inglaterra, onde introduziu a "religião do coração gentil". Suas filhas e netas seguiriam seu exemplo (até mesmo seu filho, Ricardo Coração de Leão dedicou-se, não sem sucesso, à poesia trovadoresca). E um nome de mulher ilumina toda a Idade Média, Hildegard de Bingen. Abadessa, cientista, médica, música e compositora, Hildegard manteve vultosa correspondência com os maiores pensadores do seu tempo e escreveu importantes trabalhos místicos; fundou um mosteiro, contrariando os poderosos da Igreja, e nos últimos anos da sua vida desenvolveu uma visão do universo que enfatizava a união indissolúvel entre o físico e o espiritual.

Maria de França não estava sozinha como poeta. Nomes como os de Lady Uallach e Liadain, poetas da Irlanda, e Maria Alphaizuli e Libana, da Espanha, a antecedem. Mas seu século viu florescer a poesia feminina como nunca antes. Mulheres compunham narrativas e tenções poéticas, canções e lais. Paralelamente aos trovadores, as *trobairitz* encantavam as cortes (tão recente, porém, é sua redescoberta que não há nome para elas, a não ser o original provençal).

Certamente, uma das razões do seu sucesso era a diferença que sua poesia apresentava em relação à dos homens. O estilo delas era mais solto, usavam menos metáforas e jogos verbais, iam direto ao assunto, eram práticas e sensuais. Ao contrário dos homens, ao falar do seu objeto de amor, pouco se importavam com a parte física, dando mais ênfase ao caráter e ao comportamento do amado ou pretendente. Pontos fundamentais na construção desse caráter eram a fidelidade e o respeito.

Muito envolvidas com as questões da ética amorosa, as *trobairitz* trataram delas em seus poemas, recorrendo com freqüência a uma forma de diálogo em que duas vozes de mulher se interrogam e respondem.

Tibors abre a linhagem das *trobairitz*, pelo menos que se saiba. Acredita-se tenha sido a irmã maior de Rimbaud d'Orange, famoso trovador. Além da sua poesia, Tibors, juntamente com o marido Bertrand de Les Baux, soube fazer daquele lugar um importante centro trovadorístico. Talvez tenha sido ali que a condessa de Dia conheceu Rimbaud e dele se enamorou; grande *trobairitz*, muitas vezes cantaria esse amor em seus poemas. Rimbaud, aliás, fazia estrago nos corações poéticos, e dele se enamorou também Azalais de Porcairagues, que escreveu: "meu sofrimento vem de Orange". Maria de Ventador, poeta generosa e culta, transformou sua corte em abrigo para numerosos poetas. E Alamanda, Isabella, Isolda, Lombarda, Guillelma, Germonda, Castelloza, A Genovesa, e tantas escritoras anônimas, deixaram suas vozes de mulher gravadas em versos naquela Idade Média que os narradores da história diriam, depois, ter sido exclusivamente masculina.

O cantar da vida

Dos lais de Maria de França existem numerosas cópias manuscritas, em várias línguas: francês, italiano, inglês, alemão e Old Norse — língua escandinava utilizada até o século XV. Essa pluralidade atesta seu sucesso. Um sucesso que se deve, sim, à forma, mas também grandemente ao conteúdo.

Como Shakespeare faria séculos mais tarde, Maria preferiu trabalhar sobre histórias já existentes, peças do folclore oral devidamente testadas e filtradas pelo tempo e pelo uso. Sua escolha se processou entre histórias que já eram um sucesso popular. Infliltrando-as de pensamentos modernos do seu tempo, enriquecendo-as com toques da cultura clássica, polindo-as e versificando-as, Maria fez delas um sucesso também entre as classes cultivadas.

O que canta Maria? Como os poetas homens e mulheres da época, fala de pessoas bonitas e ricas, belas damas, nobres cavaleiros, maridos apaixonados e maridos algozes. Canta o amor, o querer das mulheres alinhavado com a busca masculina de vitória e conquista. Mas o amor nos lais de Maria de França não é o mesmo amor dos poemas trovadorescos. É um amor de contos de fadas.

Mais do que cantar, então, Maria conta.

E embora conte a realidade, o viver da época, os casamentos impostos às mulheres e os amantes que elas escolhiam, entremeia essa realidade com o fantástico, transferindo para o real o sentimento de que tudo é possível. É justamente nessa fusão de duas tendências contrárias do ser humano, o amor pelo real e a atração pelo fantástico, que se encontra a essência dos contos de fadas.

O que faz com que as narrativas de Maria possam ser consideradas contos de fadas, entretanto, não são apenas as asas de ave com que o amado entra pela janela, nem o reino encantado ao qual Lanval é levado pelas duas donzelas, nem a presença de um Homem-Lobo, nem as doninhas que recuperam a vida. O que os faz contos de fadas também não é só a naturalidade com que isso tudo é aceito pelas personagens. O que os constitui contos de fadas, no sentido mais profundo, é a aparente gratuidade de certos elementos que surgem sem explicação e sem necessidade para a estrutura da história, mas que se revelam poderosos no estabelecimento de um diálogo com o inconsciente. É a galhada de cervo na testa da corça abatida por Guigemar, é o rio do inferno no qual foi mergulhado antes do batismo o ciumento marido em "Yonec", são, ainda no mesmo conto, os dois cavaleiros adormecidos pelos quais passa a dama antes de encontrar o amado moribundo, é a peça de cetim bordada a ouro e toda escrita que envolve o corpo morto do rouxinol.

Podem-se ler os lais de Maria de França historicamente, como um clássico medieval. Pode-se procurar neles o comportamento, retrato da domesticidade nobre que ela descreve com cuidado de detalhes. Pode-se ir atrás da aventura, simplesmente. Ou prestar atenção nas emoções, que ela desenha com uma delicadeza atenta, toda feminina. Ensinamentos morais também estão lá, para quem os busca. Essa possibilidade múltipla de leituras bastaria para garantir-lhes lugar de destaque.

Mas, e nisso sobretudo se diferenciam dos poemas das outras poetas, há em seus relatos uma força mítica que os antecede. As personagens são seres predestinados, e o leitor sabe desde o início da narrativa que uma lei mais poderosa que a dos homens guia os seus passos. Anéis, cintos, espadas deixam de ser objetos para se tornarem marca distintiva daquele que o destino protege. Exemplo perfeito é Lanval, cavaleiro fiel, desprezado por seu rei Artur, que um dia monta a cavalo e sai a passeio. Duvida por acaso o leitor que nesse passeio esteja sua redenção? Aquele que nada valia em sua corte encontra corte mais rica e poderosa sobre a qual reinará.

Ler os lais de Maria de França propicia um duplo prazer. Transitar entre a nobreza medieval, cuja vida ela nos entrega em tantos pequenos elementos, os tecidos, as peles, as cores das roupas, lavar as mãos antes de comer, sete vezes por dia alimentar o bebê, o bloco de mármore para montar a cavalo, os torneios depois da Páscoa. E ingressar no universo maravilhoso em que os amados voam e as amadas revivem. Dois mundos que, hoje, nos parecem igualmente distantes.

Prefácio a *Lais de Maria de França*, tradução e introdução de Antonio L. Furtado, Vozes, Petrópolis, 2001.

No mundo da magia se come rosbife

"Partir contra Harry Potter, nesse momento, significa emular Hamlet que parte contra um mar de aborrecimentos. Enfrentar o mar não acaba com ele." A frase é de Harold Bloom e abre sua crítica, *How to read Harry Potter and why*, publicada recentemente. Não tenho nem a pretensão nem o desejo de acabar com o mar. Minha tentativa, para viver melhor com o mar, é conhecê-lo.

Então, como Moisés diante do Mar Vermelho, vamos dividir Harry Potter ao meio e dar uma olhada em cada uma das duas partes que o compõem: o mercado e o conteúdo.

A inauguração de uma nova estratégia

A série *Harry Potter* foi, segundo me disse um editor a quem havia sido oferecida, o primeiro produto editorial infantil vendido como o são os grandes best sellers adultos, ou seja, sem livro. O editor não recebe um livro para ler, recebe os planos para a venda, e a garantia de apoio de marketing internacional. Foi o primeiro, outros já se seguiram.

Harry Potter representa, portanto, uma virada no mercado editorial. A partir dele, instala-se a possibilidade de livros para crianças serem trabalhados ao mesmo tempo em vários países, em grandes lançamentos agressivos e coordenados, visando a vendas estratosféricas. Exatamente como certos livros para adultos.

O processo não foi deflagrado por Harry Potter, embora ele o inaugure. Antes mesmo de o primeiro Harry Potter ser escrito, quando o mercado de consumo, esgotadas as possibilidades de grandes crescimentos no universo adulto, apontou seus canhões para o público infantil, a máquina foi posta em andamento.

Na grande corrida do ouro em que novos produtos passaram a ser gerados, lojas foram adequadas, prateleiras mudaram de altura, e personagens mirins inundaram a publicidade, por que o livro ficaria de fora?

Primeiro de uma nova linhagem, Harry Potter é trabalhado sob a precisa batuta do país de origem. A cada lançamento de um novo livro da série, as editoras que o representam nos diversos países entram em regime de estresse. Notas pipocam nas colunas, cada gesto de J. K. Rowling é noticiado mundo afora, e gestos são especialmente criados para isso. *Outdoors*, cartazes, cartazetes, caldeirões de papelão, sósias do jovem personagem, anúncios de página inteira, vitrinas especiais, nada é esquecido. Paralelamente, noticiam-se as filas de crianças diante das livrarias, criam-se concursos que envolvem o livro, gera-se um clima de histeria mantendo o título em segredo, distribuindo os livros ao mesmo tempo nos Estados Unidos e Inglaterra, proibindo os livreiros de mostrar sequer um único livro e alardeando faraônicos sistemas de segurança. Tudo é tão milimetricamente orquestrado que a gente se pergunta se o engano de uma livraria americana num dos últimos lançamentos, pondo o livro na estante e permitindo que uma menina, Laura, o lesse antes de todo mundo, foi de fato um engano. Se foi, há que louvar a rapidez da imprensa — informada por quem, se o dono da livraria só tinha interesse em esconder o fato de ter quebrado o acordo? —, que imediatamente transformou em celebridade a pequena privilegiada pela sorte.

Nada contra publicidade, pelo contrário. Eu própria, publicitária, há anos me queixo da falta de publicidade adequada no mundo editorial brasileiro, do fraco esquema de marketing que acompanha, quando acompanha, os lançamentos. Um trabalho como o realizado para o produto Harry Potter só pode me encantar. O que problematiza a coisa é a confusão de canais.

Quando as pessoas, vendo HP nas listas de mais vendidos, onde nunca antes haviam visto um livro infantil, atribuem essa presença a uma superior qualidade da série, estão confundindo ou sendo confundidas. O público em geral não sabe que no Brasil os livros infantis são vendidos através de redes escolares armadas pelas editoras, e praticamente não passam pelas livrarias — fora, é claro, os indefectíveis produtos Disney. Em contrapartida, a lista de best sellers é baseada nos dados de vendas fornecidos pelos livreiros. Os livros infantis, portanto, não têm como estar nas listas.

Harry Potter é o primeiro a freqüentá-las porque sua venda obedece ao sistema da matriz, e na matriz os livros infantis se vendem em livrarias.

Para um produto vendido em livrarias, é preciso seduzir o público em geral. E isso significa pais e filhos. Foi exatamente o que fez a campanha de HP. Verbas milionárias transformaram HP num must, fazendo de sua aquisição um gesto fashion, e da sua leitura uma atitude in. Os pais correram às livrarias para que seus filhos pudessem exibir sua nova leitura com o mesmo orgulho com que costumam exibir seu novo tênis de marca. E os editores previram para alguns países uma capa menos "infantil" para os pais que, sucumbindo ao feroz bombardeio, se tornassem leitores.

Isso é novo entre nós. No Brasil, as editoras de livros infantis investem pesado na sedução dos professores. O que conta é a adoção em colégios. Os pais e as próprias crianças são ignorados. O público desconhece os lançamentos — entre os quais, se pudesse, teria dificuldade em escolher, uma vez que praticamente inexiste apoio crítico — e o livro cai no colo da criança sem que ela tenha tido qualquer participação na sua escolha.

Esse quadro tira da literatura infantil qualquer visibilidade, e inviabiliza corridas às livrarias mesmo para obras de altíssima qualidade.

No resto do mundo a venda de HP se realiza através dos canais utilizados para qualquer outro livro infantil. Mas, como no Brasil, as verbas empenhadas e o gigantismo da operação são sem precedentes no universo da literatura para crianças.

Para que isso tudo fosse possível, porém, era necessário um livro ou, melhor ainda, uma série. E era preciso que tivesse poder de sedução.

Quanta gente conhecida

Em artigo que escrevi para a revista colombiana *Cinquenta Cuentos Sincuenta* dizia que Rowling é uma craque, que escreve bem, que o texto dela é leve, risonho, ágil. Não é o que pensa Harold Bloom a respeito de *Harry Potter e a pedra filosofal*: "...o livro não é bem escrito... Numa única página escolhida arbitrariamente do primeiro livro de Harry Potter, contei sete clichês..."

Com muito menos autoridade do que Bloom, eu diria que as poucas descrições e muitos diálogos, a linguagem oral e o ritmo acelerado tornam os livros de Rowling palatáveis. Sem pausas, sem quedas na narrativa, vai emendando um fato no outro, levando o leitor a prosseguir na leitura. E termina como convém a livros de série, deixando a porta aberta para a próxima rodada.

Eu, porém, no primeiro dos sete — *Harry Potter e a pedra filosofal*, que tomo como exemplo — cheguei a sentir falta da sereia. Meus outros conhecidos estavam todos lá. Fantasmas, vampiros, unicórnios, centauros. Encontrei até mesmo

Cérbero, o mitológico cão de três cabeças, guardião da entrada do Hades; havia sido aproveitado para guardar o esconderijo da pedra filosofal, mas, despido da sua força de mito, era agora apenas um canzarrão medonho que adormece ao primeiro acorde de música, deixando qualquer um passar — isso também, da música que adormece a fera, já não me era novo.

Havia mais gente conhecida, personagens de tantos e tantos outros livros. Deparei-me com a turma dos meninos bons — que obedecendo à regra tem uma criança mais trapalhona e uma mais inteligente — e a turma dos meninos maus, devidamente prepotentes, invejosos e desonestos. Estavam lá também os dois oponentes básicos: a força do mal, bruxo outrora bom que descobriu o poder da maldade e busca seguidores para derrubar as forças do bem; e a força do bem, bruxo bondoso e protetor que, já se sabe, acaba vencendo.

E familiar pareceu-me a origem do jovem herói, órfão deixado ainda bebê diante da porta da casa dos tios malvados, que o relegam ao armário debaixo da escada, o maltratam e humilham. Por trás do humor com que tudo é contado, Dickens acena.

Mas, como bom patinho feio, o órfão tinha outro destino. Convocado a entrar na escola de magia que foi outrora freqüentada por seus pais, Hogwarts, ele dá adeus aos tempos de rejeição para tornar-se de imediato ídolo do colégio.

Segundo Bloom, o modelo básico para Harry Potter foi um clássico infantil, *Tom Brown School Days* (1857), de Thomas Hughes, que descreve a vida em um típico colégio inglês. Já Henriette Korthal Altes, em artigo publicado na revista literária francesa *Lire*, embora reconhecendo o direito à apropriação, ressalta no trabalho de Rowling a presença de elementos alheios, "a bizarrice de Lewis Carroll, o lado gótico de Tolkien, o combate entre o Bem e o Mal de C. S. Lewis, o mundo da bruxaria de Diane Wynn Jones e, é claro, a fantasia de Roald Dahl".

O mesmo espírito pouco novidadeiro impregna o restante da série. Rowling inventa novos fatos e novas aventuras em velocidade constante, divertindo o pequeno leitor, mas leitores mais experientes identificam nessa girândola materiais literários de segunda mão.

A repetição de modelos já explorados e testados é válida, e faz parte da fórmula para atingir o sucesso. Sabemos que as leituras novas, de fato novas, são mais exigentes, demandam mais atenção, convocando o leitor para um outro nível de empenho. Já a leitura daquilo que se conhece é rápida e fácil. Diverte, como diverte repetir jogos ou brincadeiras familiares. E a indústria do entretenimento, na qual o mercado do livro se insere, sabe disso. Não à toa Hollywood transformará em filme a história de Harry, em que o perverso bruxo Voldemort se assemelha tanto a outro anjo decaído de sucesso, Darth Vader.

Mas, se é verdade que a leitura já conhecida é fácil e prazerosa, é verdade também que dela pouco se aproveita.

Desse mundo nada se leva

O que levar dessa escola de magia tão sem magia?

No universo imaginário que começa na plataforma inexistente de uma estação ferroviária, tudo seria possível. Tudo poderia ser invenção e encantamento. Um passo a mais na plataforma nove e meio, e poderíamos ingressar em um mundo impensado.

Mas não. Passa-se para outra dimensão apenas para ingressar no decalque, ligeiramente retocado, de um colégio inglês. Regras, horários, filas, professores, salas de aula, provas, situações escolares típicas, uniforme. Pouca diferença faz que as aulas sejam de Feitiços ou de Poções, e que o uniforme seja veste de bruxo em vez do tradicional *blazer*. A fórmula é a mesma.

Até as vassouras voadoras perdem sua grandeza. Não mais elementos míticos e misteriosos, são apenas meios de transporte semelhantes a motocicletas, que como motocicletas têm o valor estimado de acordo com o modelo e a potência. As velhas vassouras, aquelas que levavam as bruxas pelos ares em noites de sabá, de nada valem na escola de Harry. Ali, elas "trepidam" com a velocidade, puxam para um lado como qualquer carro gasto e desbalanceado, e comprometem o êxito dos jovens bruxos. O que conta é ter uma Nimbus 2000 ou uma Cleansweep-7 capazes até de emparelhar com uma asa-delta ou com um helicóptero.

E para que serve, em Hogwarts, uma vassoura voadora? Para jogar quadribol e ganhar pontos para a própria "casa".

Mas quadribol também não é um jogo mágico, embora se dispute no ar. Com seus rebatedores, artilheiros e goleiros é uma soma de futebol, beisebol e basquete, um jogo inventado para agradar aos aficionados de qualquer desses jogos. Um jogo corriqueiro, enfim, ainda que as bolas sejam quatro e voem.

Pode ser, mas não é

Um decalque pode ser uma paródia, pode constituir-se em crítica. Essa não é, porém, a intenção de J. K. Rowling.

Sua escola de bruxaria é uma clara paráfrase do sistema de educação anglo-americano e da ideologia que o impulsiona. Nenhum sopro de ironia perpassa os relatos das duras e constantes disputas entre os pequenos feiticeiros, disputas que estão na base do sistema educativo da escola. O tom bem-humorado da autora é apenas uma forma *light* de conivência.

E o decalque serve, sem dúvida, para divertir as crianças, que riem ao ver servido em outro prato o seu *menu* cotidiano. A descrição do jantar com que os alunos são recebidos em sua chegada à escola exemplifica isto claramente: à luz de velas que flutuam sobre as grandes mesas, os pratos dourados contêm rosbife, galinha assada e, para garantir a aceitação do paladar infantil, *ketchup*.

As crianças viajam nas aventuras de Harry. Pequenas viagens que certamente não as levam ao profundo império da magia. Viagens de superfície, como as daqueles trens fantasmas em parquinho do interior, em que a luz entra pelas frestas e os fantasmas de pano não assustam ninguém. As crianças riem, comentam, esperam ansiosamente o próximo livro da série, Harry transformou-se — ou foi transformado — em um *must* infantil. O mercado aplaude sua entrada em uma nova era.

Ainda teremos vários livros para completar a saga de Harry Potter. Não há esperança de que a riqueza do mundo mágico, jogada fora no primeiro livro, venha a acontecer. No máximo, pode acabar aparecendo uma sereia, quem sabe, saída do ventre de um Cavalo de Tróia.

O Estado de S. Paulo, 18-02-2001.

Aos sofistas, a culpa

Poderíamos começar de estalo, com um pouco daquela violência que caracteriza nossos tempos, atirando logo a primeira pedra no meio da testa dos sofistas, e dizendo que a eles se deve estarmos aqui hoje, em volta dessa mesa, discutindo ética e literatura ou, para sermos mais precisos, literatura infanto-juvenil e, dentro dela, a ética.

Mas, apesar do impacto, seria intempestivo. Como minha avó dizia, *la gatta presciolosa ha fatto I figli ciechi*, a gata apressada fez os filhos cegos. Vamos, então, retroceder um instante.

Todos aqui sabem o que é ética, mas peço um segundo de paciência, porque para discutir o resto é necessário que o ponto de base fique bem claro: ética, como a palavra mesma dizia quando introduzida na filosofia por Aristóteles — *ethikós* em grego deriva de *ethos*, que significa comportamento —, é a área da filosofia que estuda o comportamento humano e os critérios que servem para avaliar esse comportamento, juntamente com as escolhas que ele implica.

A ética, entretanto, não se limita apenas a estudar, mas pretende também fornecer indicações sobre quais os critérios e valores a serem respeitados. Simplificando ao máximo, a ética estabelece o certo e o errado, nos diz qual a maneira correta de agir.

Voltemos aos sofistas. Por que os nomeei no início? Porque, apresentando-se como educadores e mestres de sabedoria em praça pública, modificaram a finalidade da educação — até então transmitida dentro das linhagens aristocráticas —, democratizando-a e entregando ao homem comum conhecimentos capazes de elevá-lo socialmente. E sobretudo porque, ao fazer isso, afirmaram que a virtude pode ser ensinada, uma vez que consiste, basicamente, em um conjunto de regras técnicas para viver bem na sociedade.

Hoje faz-se uma outra leitura do sofismo, ele estaria nos dizendo que tudo é discurso, que a realidade não existe em si, existe somente a partir do momento em que se torna discurso.

Mas não estamos aqui para discutir filosofia, e se estivéssemos não seria eu a pessoa indicada para fazê-lo. Vamos ver, portanto, como é que isso tudo se junta na questão que nos trouxe aqui, a ética na literatura infanto-juvenil.

Para fazer cabeças

Parece-me óbvio que, ao estabelecer a ética como um dos temas transversais a serem considerados na literatura infanto-juvenil — e eu chamo a atenção para o termo transversal, escolhido muito a propósito, pois deixa claro que o tema não deve apenas aparecer esporadicamente no livro, mas atravessá-lo de alto a baixo —, a intenção não era levar o autor a escrever eticamente, ou mais eticamente. Devo dizer que a imagem de um escritor inquieto quanto à qualidade ética do seu texto, vigilante para não cometer deslizes politicamente incorretos, me parece no mínimo lamentável; pois espera-se de um escritor que tenha suas próprias opiniões formadas e que acredite no seu valor ético. Além disso, acertar por vigilância é apenas uma forma superficial de disfarce, já que a realidade interior do escritor se denuncia onde ele não cuida, entre as linhas, no não-dito.

A intenção era então, pelo menos aparentemente, endereçar uma parte das escolhas dos responsáveis pelas grandes aquisições governamentais de livros para a infância — e não só desses como também dos professores — para livros que tratassem de questões éticas. E isso por considerar que esses livros seriam capazes de ensinar o jovem leitor a tratar eticamente seus problemas pessoais e, mais do que isso, de fazer dele um futuro cidadão eticamente correto.

É evidente, porém, que o resultado inevitável vai bem além das escolhas. Aquilo que deveria ser um padrão de avaliação transforma-se, pelas leis do mercado, em um ponto de venda, e passa a ditar a produção.

Haverá editoras solicitando dos autores esse tipo de livro, e autores que, mesmo sem solicitação direta, considerarão interessante trabalhar em cima de um tema que tem mais possibilidades de aproximá-los das vendas. Haverá catálogos que sapecarão a palavra *ética* com a força de um título ou de um selo de qualidade, sempre que for minimamente possível, sem levar em conta a intenção do autor. E haverá professores que, tendo lido a palavra no catálogo, não procurarão com — e para — seus alunos nenhuma outra possível leitura daquele livro.

A literatura infanto-juvenil brasileira será transversalizada por uma nova onda moralizante. E veremos um ressurgir daqueles mesmos livros de que, há tempos, lutamos por nos livrar.

Pois não podemos nos iludir. A palavra *ética* ali está porque mais atual, mas ao ato prático o conceito acabará sendo mesmo o de moral.

Ensina-se a virtude, de fato, porém não como queriam os sofistas.

Desse tipo de ensinamento decorrem alguns problemas.

Primeiro problema

Ética é o assunto do momento. Nós estamos aqui, e é provável que a esta mesma hora, em alguma parte da cidade, em alguma outra mesa-redonda, a ética esteja sendo igualmente esquartejada. A impressão que se tem é que de cada cinco mesas ou seminários cinco são sobre ética. E mais questionamentos éticos nos chegam diariamente pela mídia. Não sem razão.

Historicamente, a ética entra em foco numa sociedade toda vez que o conjunto de valores dessa sociedade se esgarça, as normas que até então funcionavam já não parecem válidas, e os critérios de avaliação tornam-se insuficientes para estabelecer o que é certo e o que é errado. Ou seja, é quando a ética entra em crise que mais se fala dela.

Vivemos hoje uma crise ética intensa, acelerada pela derrocada das utopias, o desmascaramento dos sistemas políticos e o flagrante predomínio dos valores econômicos sobre os valores do espírito. Uma crise que se agrava quando novas descobertas da ciência e da tecnologia nos confrontam com situações antes nem sequer imaginadas, exigindo parâmetros e posicionamentos éticos absolutamente novos.

Que ética então se pretende ensinar às crianças, se nós próprios, adultos, atravessamos um período de incertezas e de renovação ética?

Lembrar que as crianças de hoje serão os adultos de um mundo futuro seria um lugar-comum se não acrescentássemos que, desta vez, o futuro é quase impossível de prever.

Segundo problema

Eu cresci na Itália da era fascista. Meu maior desejo, quando pequena, era crescer depressa para poder desfilar nas paradas cívicas com o uniforme das Figlie della Lupa — uma espécie de bandeirantes do partido, simbolicamente filhas da loba romana que a lenda quer ama-de-leite de Rômulo e

Remo —, levando no peito o grande M prateado, de Mussolini. Os brasileiros da minha geração viveram fenômeno semelhante na ditadura de Getúlio Vargas. E parecem ainda recentes os últimos tempos ditatoriais, em que os colégios ensinavam Moral e Cívica. Havia uma moral vigente, e o poder considerava justo transmiti-la às crianças. Nesse exato momento, em outra parte do mundo, talibãs e xiitas estão ensinando princípios morais a suas crianças.

Escolho exemplos extremos, que nos repugnam, justamente porque evidenciam com clareza o quanto a moral de um tempo pode não ser a de outro. A moral muda. A moral é discurso, e o discurso se altera quando proferido por outras bocas, em outros tempos.

Sim, a virtude é ensinável. Mas qual virtude?

Terceiro problema

Vamos agora tocar no ponto que, como escritora, mais me aflige.

O tema que nos trouxe aqui hoje é "A ética na literatura infanto-juvenil". Na literatura, portanto, não nos livros. Não preciso aqui, entre profissionais da área, me alongar explicando a diferença crucial que existe entre um produto literário e um produto simplesmente editorial. A confusão, porém, campeia no mercado. E, como ouvi de um colega em recente encontro internacional, toda vez que nos reunimos para falar de literatura infanto-juvenil, a última coisa de que se fala, depois de mercado, de escola, de tradução, de paradidáticos e de psicologia, é exatamente de literatura.

Mas é na literatura que a aplicação dos *temas transversais*, e, no nosso caso, da ética, se torna mais inquietante.

A função da literatura não está no reforço das instituições, nem na reprodução dos padrões morais vigentes. A literatura se vivifica, e encontra sua função justamente na crítica, na desconstrução simbólica, na constante procura de aprimoramento e crescimento social.

Literatura e didática moral são incompatíveis. Vamos pensar só por um momento qual seria a reação de um Calvino, de um Gore Vidal, se lhes fosse sugerida uma transversalização moralizante em seus textos.

Por que, então, aquilo que qualquer um consideraria inconcebível na área adulta da literatura é tão facilmente aceitável quando se trata de crianças leitoras?

A resposta traduz um grave problema nacional: este país, os que gerem este país, não acreditam, de fato, no poder formativo da literatura. Não acreditam na literatura como força estruturante. Não acreditam que a leitura de bons livros, a pura leitura, o interpenetrar-se entre texto e leitor, seja capaz, por si só, de fazer melhores cidadãos.

E tampouco acreditam na criança como leitor capaz de buscar a essência do texto, sem que lhe seja explicitada.

Assim, quando se trata de crianças, é comum considerarem-se mais apropriados aqueles textos que a teoria da literatura chama de narrativas de estrutura simples, com recados óbvios, uma única leitura possível, interpretação preconcebida, e uma só conclusão.

Não é difícil perceber que serão justamente esses textos os abrigos mais indicados para a "ética" que se quer ensinar. Dificilmente ela caberia em textos literários, narrativas de estrutura complexa, com múltiplas possibilidades de leitura e conclusão em aberto.

E assim, mais uma vez, os livros para crianças tomarão o lugar da literatura para crianças. E a leitura será usada não para o prazer, nem para promover o diálogo interno do leitor, mas para "ensinar". Que não haja surpresa depois se as crianças, tão mais espertas do que costumamos acreditar, farejando o engodo, riscarem de suas escolhas pessoais, para sempre, a leitura.

Participação em mesa-redonda,
"Na literatura a ética", MAM, Rio de Janeiro, 2001.

Por que nos perguntam se existimos?

Se eu disser: "Eu sou uma mulher", tenho certeza de que a afirmação não causará nenhuma surpresa.

Permito-me prosseguir com as afirmações, e dizer: "Eu sou uma escritora."

Isso também não deveria causar maiores estremecimentos. As duas questões são pacíficas. Entretanto, combinadas, parecem produzir uma poderosa reação química, cuja fórmula conduz inevitavelmente à pergunta: existe uma escrita feminina?

Há exatos 28 anos eu a respondo. Com paciência, com boa educação, com sincero intuito didático. Repito tudo aquilo que a gente sabe, da dificuldade de acesso à educação, do controle da nossa linguagem, da crítica exclusivamente masculina estabelecendo os padrões, e da nossa força para conseguir vencer isso tudo. Quando há tempo, dou um pouco de história, vou até o século XIX, falo das Brontë, quem não conhece as Brontë? Não ouso chegar até Aphra Behn, seria abusar, mas Emily Dickinson já deu até peça, pode-se citar sem risco de parecer pedante.

A resposta, afinal, é tão pouco original quanto a pergunta. Pois não sou eu que a invento, não sou só eu que a respondo. Somos milhares, no mundo inteiro. Justamente em um dos dias em que eu estava pensando nessa palestra, liguei a TV a cabo, num programa italiano de literatura chamado *Pickwick*. Sorrindo para a câmara, ao lado do âncora, estava a escritora Dacia Maraini. E o que foi que o âncora — um profissional corretíssimo, diga-se de passagem — perguntou a ela? Vamos ver se vocês adivinham... façam um esforço de imaginação. Isso mesmo: "Existe literatura feminina?" Ela continuou sorrindo e respondeu, educada, paciente, com aqueles mesmos argumentos que eu e todas nós usamos, talvez acrescentando mais alguns, o olhar feminino, o mundo das emoções ao qual as mulheres são historicamente mais afeitas, a relação feminina com aquilo que é físico e que poderíamos chamar de fisicidade das mulheres. Imagino que soubesse a resposta de cor, depois de tê-la repetido infinitas vezes; no Rio, em conferência que fez e na qual fui chamada a servir de *spalla*, lhe perguntaram exatamente a mesma coisa, da mesma maneira, e a resposta não foi diferente.

Há anos, em todos os níveis, estamos respondendo, com a melhor das intenções. Mas, embora clara e justa, a resposta tem se demonstrado ineficiente. Não consegue eliminar a pergunta. Não consegue sequer modificá-la. Apesar de tudo o que já dissemos, continuam questionando nosso fazer literário exatamente da mesma maneira, com a mesma insistência, com idênticas palavras. Como se nada tivéssemos dito.

Então, depois de tanto responder, cheguei a uma convicção: o erro não está na resposta.

Isso posto, não vou mais comprar o peixe que querem me vender. Não vou mais aceitar essa pergunta como se aceitam as perguntas que esperam resposta. Recuso-me a procurar novos e, quem sabe, mais convincentes argumentos. Eu, que a partir da escrita estou há anos empenhada em construir a arquitetura de uma voz, de uma voz que sendo minha é feminina, declaro-me ofendida pela pergunta. E, em vez de respondê-la, a questiono.

Que pergunta é essa, afinal?

Não é nova, certamente. Fosse uma pergunta normal, seria de se esperar que ao longo do tempo, minada pelos estudos acadêmicos, pelo intenso trabalho da crítica feminista, pela fala de muitas autoras, pela simples evolução e até mesmo pelos avanços da ciência, tivesse sofrido alguma alteração. Normal mesmo seria que essa pergunta, talvez pertinente há vinte anos, tivesse se desgastado e desaparecido. No entanto, ela parece passar por cima disso tudo, mantendo-se absolutamente inalterada, até mesmo na formulação. Nenhum argumento a atinge. Por quê?

Porque ela não está interessada nos argumentos. Independe da resposta. É uma espécie rara de pergunta, cuja razão de ser não é a busca de um esclarecimento, é a pergunta em si.

Isso torna-se mais claro quando vemos como ignora as evidências científicas.

Nos últimos anos a ciência tem provado que homens e mulheres não são iguais. Não vamos aqui nos estender sobre as infinitas diferenças biológicas. Vamos nos ater, e de forma apenas esquemática, ao que interessa ao nosso caso:

— Cientistas da Universidade de Yale descobriram que os homens e as mulheres falam línguas diferentes. Graças à utilização de um campo magnético e ondas de rádio capazes de construir a imagem dos tecidos do corpo, verificaram que, ao falar, os homens usam basicamente uma seção do lado esquerdo do cérebro, enquanto as mulheres recorrem a diversas áreas dos dois lados do cérebro. Bennett Shaywitz, responsável pelo projeto, afirma que foi possível demonstrar diferenças consideráveis na organização funcional de um componente específico do processo de linguagem entre homens e mulheres.

— Por experiências científicas anteriores, sabemos que entre as áreas cerebrais dos dois hemisférios, que as mulheres — e só as mulheres — utilizam para falar, estão aquela que controla a visão e aquela que controla os sentimentos.

— Além disso, comprovadamente, as mulheres falam mais cedo, enunciam melhor e têm melhor vocabulário.

— O aprendizado da escrita também é diferenciado. As mulheres aprendem a ler e a escrever mais facilmente que os homens. Nas salas de reforço de aprendizado de leitura — nos EUA — verificou-se a presença de apenas uma menina para três meninos.

Existem, certamente, mais dados, mas me parece que esses são suficientes para encaminhar-nos a uma dedução. Se homens e mulheres utilizam o cérebro de maneira diferente ao falar, e se, ao que tudo indica, o utilizam de maneira diferente para ler, parece apenas lógico que o utilizem de maneira diferente também para escrever. Indo mais longe, é pouco provável, do ponto de vista puramente físico, que havendo um mecanismo biológico diferenciado para falar e ler, esse mecanismo não atue no ato de escrever.

Seria de se esperar que, depois dessas descobertas, a pergunta passasse para outro patamar. Não passou. Pior ainda, com o aumento da presença feminina no mundo literário, está sendo repetida com maior freqüência.

É na permanência que a pergunta continua cumprindo sua função. Sua função não se alterou. A função de uma pergunta que está em busca de resposta cessa quando a resposta é obtida. Mas se a função de uma pergunta não cessa apesar das respostas, devemos procurar em outro lugar sua verdadeira função.

Se eu disser "esse copo é de vidro", eu o confirmarei copo e vidro. Mas, se eu perguntar "esse copo é de vidro?" estarei levantando uma dúvida. Vocês, que não têm o copo na mão, que estão meio distantes dele, se perguntarão se ele não é de plástico. E se alguém aqui da mesa disser "sim é de vidro", e se eu perguntar então com ar de dúvida "mas é de vidro mesmo?", estarei plastificando esse copo de vidro para muita gente.

Quando alguém me pergunta se existe uma literatura feminina, eu sei hoje que quem está fazendo a pergunta não é esse alguém — indivíduos não fazem perguntas dessa forma tão simétrica e uníssona —, quem está perguntando é a sociedade. E a essa altura já tenho elementos para crer que a sociedade não quer de fato saber se existe uma literatura feminina. O que ela quer é colocar em dúvida a sua existência. Ao me perguntar, sobretudo a mim, escritora, se o que eu faço existe realmente, está afirmando que, embora possa existir, sua existência é tão fraca, tão imperceptível, que é bem provável que não exista.

Aquilo de que se duvida está em suspeição. Está em suspensão. Enquanto a pergunta for aceita, a dúvida estará sendo aceita com ela. E a nossa literatura, a literatura das mulheres, estará suspensa, no limbo, num espaço intermediário entre o paraíso da plena literatura e o inferno da não-escrita. Mas, sobretudo, estará num espaço que, não sendo o seu verdadeiro, só pode ser o espaço do plágio, do decalque. Um espaço claramente localizado atrás do espaço literário já reconhecidamente existente, o masculino.

A pergunta, feita infalivelmente às escritoras, atua de forma maquiavélica, forçando-as a uma definição. Que digam elas próprias se classificam seu trabalho como feminino, ou não.

Ora, as escritoras estão perfeitamente conscientes de que ainda hoje um preconceito pesado tende a colorir de rosa qualquer obra de literatura feminina. Apesar da onda dos anos sessenta que envolveu os escritos das mulheres em um grande e esperançoso movimento, não conseguimos vencer a barreira. O preconceito perdura. Pesquisas mostram que basta a palavra *mulher* em um título para espantar os leitores homens e abrandar o entusiasmo dos críticos. E embora não precisemos mais nos esconder atrás de pseudônimos masculinos, como no século XIX, sabemos que os leitores abordam um livro de maneira diferente quando ele é escrito por uma mulher ou por um homem.

Muitas escritoras então, buscando evitar o risco de desvalorização ao declarar feminina sua própria escrita, preferem negar qualquer possibilidade de gênero no texto, e se refugiam no território neutro de uma utópica androginia. Como George Sand, repetem que "os dois sexos são apenas um para quem escreve". Mas se no tempo de George Sand a afirmação era revolucionária, cravando-se como uma cunha no intocável e viril universo das letras, hoje mudou de sentido. Já não podemos ignorar que na nossa sociedade, quando os sexos são apenas um, esse um é masculino. E excludente.

Atuantes os preconceitos, ainda assim numerosas escritoras afirmam a feminilidade dos seus textos, sobretudo nos países que vivenciaram mais intensamente o feminismo e onde a crítica feminista ocupou espaços importantes. O mesmo não se pode dizer em relação ao Brasil. O feminismo, tardiamente chegado ao país em virtude da ditadura militar e obrigado em seguida a acelerar seus tempos, desenhou entre nós um percurso diferente. Não se constituiu como pensamento comum às escritoras ou pelo menos a uma parte considerável — ou mais visível — delas. A militância não as teve em seus quadros. A crítica feminista, atuando apenas no meio acadêmico, sem força editorial, sem influência no mercado, sem presença sensível na mídia, poucas possibilidades tem de influenciar esse quadro.

Curioso é notar que quando a literatura feminina surge no Brasil, na segunda metade do século XIX, é sobretudo através do pensamento libertário que ela se afirma. Reunidas ao redor de revistas para mulheres, como *O Jornal das Senhoras, O Sexo Feminino, Jornal das Damas* e *A Mensageira*, as escritoras visavam não apenas abrigar e desenvolver a mão-de-obra literária feminina, como lutar pela libertação dos escravos, por melhor educação e pelos direitos das mulheres. Eram pré-feministas, preparando o terreno para as reivindicações que viriam em seguida.

Coletiva e altamente política na origem, a literatura feminina brasileira despiu-se dessas características ao entrar no novo século e numa luta mais acirrada por um lugar de destaque entre os escritores homens. Hoje, para a quase totalidade das escritoras exponenciais, a questão do gênero não passa pelo texto.

No mundo inteiro, as mulheres lêem mais que os homens. Os homens sempre disseram que as mulheres lêem mais porque têm mais tempo livre (entenda-se: não têm o que fazer). Mas de acordo com dados recentemente divulgados pela ONU, através do Relatório do Desenvolvimento Humano (1995), as mulheres trabalham mais que os homens. No caso dos países em desenvolvimento, como o Brasil, a carga horária diária da mulher é 13% superior à dos homens. Então podemos dizer sem medo de erro que as mulheres lêem mais, embora tendo menos tempo disponível, porque têm mais interesse pela leitura. Essa constatação ganha ainda em intensidade quando lembramos que as mulheres representam 2/3 do analfabetismo mundial.

Uma pesquisa realizada em outubro de 1994, na França, revelava que, enquanto 70% dos leitores masculinos dedicam o tempo do transporte diário à leitura do jornal, 69% das mulheres lêem um livro. As mulheres compram mais livros, dão mais livros de presente, aconselham mais livros do que os homens. Segundo um levantamento realizado também na França, junto à editora Librio, de *pocket* de boa qualidade literária, 71% de seus compradores são mulheres. E mais uma pesquisa, realizada pelo Ministério da Cultura francês entre 1973 e 1989 sobre as Práticas Culturais dos Franceses, nos diz que a feminização do leitorado é, junto com seu envelhecimento, o maior fenômeno do mundo literário dos últimos anos. Em cada dez leitores de romances, sete são mulheres.

Esses dados servem para mostrar que a nossa pergunta-tema não é *naïve*. Ela é gerada por um mercado forte e pelo avanço das mulheres nesse mercado. Ela é arma numa intensa luta pelo poder.

Em primeiro lugar, o poder literário. As mulheres não são apenas as que mais lêem, são também as que mais compram livros escritos por mulheres. E o número de escritoras — que indubitavelmente escrevem tão bem quanto os escritores — vem crescendo no mundo inteiro. O preconceito tem conseguido manter a maior parte desse contingente feminino no segundo escalão. Não é difícil perceber que, uma vez removido o preconceito, haveria um considerável avanço feminino no universo literário, com decorrente ocupação de parte daquele espaço mais conceituado que os homens, consciente ou inconscientemente, consideram sua propriedade.

Em segundo lugar, o poder da palavra. Não me parece necessário, aqui, estender-me sobre aquilo que todas já conhecemos e sobre o que muito se escreveu: o poder gerador da palavra; o excesso de força que as mulheres, já geradoras da vida, teriam se possuíssem seu livre uso; a negação, às mulheres, das palavras sagradas; o abuso verbal comprovado a que somos submetidas no cotidiano, através da interrupção e encobrimento das nossas frases. Se nos negam a palavra oral, volátil e efêmera, como crer que reconheceriam nosso direito à palavra escrita, tão mais comprometedora?

Durante séculos as mulheres foram as grandes narradoras, aquelas que ao redor do fogo ou à beira da cama mantinham vivas narrativas milenares. A narradoras recorreram os irmãos Grimm para elaborar sua coletânea. E foi sobretudo graças a narradoras que se preservou o folclore narrativo italiano, como reconhece Italo Calvino na introdução da coletânea por ele elaborada. Esse papel foi consentido às mulheres sem constrangimentos. E não apenas porque se tratava de oralidade — aparentemente mais perecível —, mas porque elas atuavam como transmissoras de elementos culturais estratificados, repetidoras de narrativas já existentes e emitidas por outras fontes. Em última análise, como mantenedoras de valores da sociedade patriarcal. A coisa muda de figura quando elas se tornam narradoras de seus próprios textos.

Criadoras, elas escapam ao controle, se transformam em ameaça. Faz-se preciso retirar a força antes permitida. E qual a melhor maneira de fazê-lo senão duvidando da autenticidade da sua criação? A mulher narradora, antes aceita sem reservas, é posta em questão. Turva-se a limpidez da sua voz com acusações de falsidade, aquela mesma falsidade que já se havia atribuído com sucesso à voz das sereias, à das feiticeiras, e à de tantas mulheres supostamente tentadoras que ao longo da história levaram os homens à perdição. A palavra da narradora perde seu pleno poder.

Mas a literatura traz consigo outro fator extremamente ameaçador. Literatura — reconhecível como tal — implica linguagem individual. E linguagem individual é transgressão, ruptura das normas, questionamento do já estabelecido. Se nos homens a transgressão é estimulada e louvada pela sociedade — o herói é sempre, de uma maneira ou de outra, um transgressor —, nas mulheres ela é execrada. A heroína não é aquela que transgride, mas aquela que dentro da norma se supera, enaltecendo a norma. No reconhecimento de uma literatura feminina, viria embutido o reconhecimento de uma linguagem individual. E esse reconhecimento levaria não apenas à legitimação de transgressão por parte das mulheres, como à afirmação inequívoca de que transgredir faz parte da sua natureza e não diminui em nada a feminilidade.

Trocando em miúdos: aceitando a literatura feminina, a sociedade estaria aceitando aquele modelo de mulher que ela própria tanto nega, e que com tanto esforço estamos tentando impor.

Estudando textos sobre a existência, ou não, de uma escrita feminina, encontramos um elemento muito revelador: a afirmação freqüentemente repetida — praticamente um consenso — de que a pergunta sobre a existência ou não de uma literatura feminina se torna desnecessária a partir de um determinado nível qualitativo da escrita, ou seja, em se tratando de escritoras ditas universais. Uma vez que é impossível negar a qualidade, a força, a individualidade de um texto universal, ainda que escrito por mulher; uma vez que é impossível negar, na plena individualidade, a presença do gênero; e tendo em vista que tampouco se pode aceitá-lo, sob pena de estender às outras, às outras todas, a aceitação: retiram-se as escritoras universais do questionamento. Circunscreve-se, assim, o risco de contaminação. Para as grandes a pergunta fatídica não vigora. As menores são mais fáceis de contestar.

Para desenvolvermos mais plenamente nosso tema, deveríamos abordar a questão das mulheres nas artes, na qual ele está involucrado. Nos baste lembrar que, embora em todas as outras artes seja intensa a resistência ao nosso fazer — traduzida em pouca presença nos museus, menos papéis disponíveis nas artes cênicas, esquecimento dos nossos nomes, descuido com nossos trabalhos, desatenção dos críticos, sistemático apagamento na história da arte —, em nenhuma outra a pergunta é formulada de forma tão explícita e constante. Provavelmente porque nenhuma outra lida com a palavra em estado puro, e nenhuma outra forma de expressão é tão ameaçadora quanto a palavra.

Nas artes ou na vida, a negação da nossa atuação pouco difere. Ela é a mesma quando se atribuem a outros autores os quadros de Artemisia Gentileschi, quando não se calculam como tempo de trabalho as horas passadas na cozinha, ou quando se veta nosso acesso a cargos de chefia.

Em última análise, podemos dizer que, ao contrário do que parece, a pergunta "existe uma literatura feminina?" não é relativa à literatura. E a responderemos melhor sempre que a tirarmos de seu falso lugar, e a incluirmos no âmbito da questão mais ampla, que é a do medo viril da equivalência feminina.

Para finalizar, embora não goste muito de personalizar, me parece necessário, como escritora, dar minha posição pessoal. Como todo mundo, temo o preconceito. Mas ele me fere mais do que me assusta. E sempre armei minha defesa não na esquiva, mas no enfrentamento. Escrever, já foi dito infinitas vezes, é assumir todas as formas, é ser homem e ser mulher, é ser animal e pedra. O escritor, como o deus marinho Proteu, é criatura cambiante. Mas Proteu mudava apenas de aparência, para iludir os outros e esconder-se, enquanto o escritor busca na metamorfose a essência, para entregar-se. E o que sinto em mim, quando diante do computador busco a essência do homem, a essência profunda, do animal e da pedra, que me permitirá escrevê-los, o que sinto, intensamente, é que eu a procuro dentro de mim, através de mim, através da minha própria, mais profunda, essência. E que essa é, antes de mais nada, uma essência de mulher.

Seminário "Entre resistir e identificar-se",
Universidade de Illinois, EUA, 1996.

Uma idade à flor da pele

Uma rosa azul estremece na nuca. Um dragão ondeia escamas sobre o peito. Um desenho tribal se fecha ao redor do bíceps. A pele jovem é um grande *display*.

À flor da pele, com suas tatuagens, seus dizeres pintados, seus *piercings*, os adolescentes tentam nos dizer quem são. E nós, que os queremos tanto, nos debruçamos sobre essa linguagem cifrada, sobre seus gestos e seus silêncios, buscando entender.

Nunca houve tantos adolescentes no mundo. Segundo o último relatório do Fundo das Populações das Nações Unidas, que fixa as fronteiras da adolescência entre dez e 19 anos, são 1,2 bilhão. Nunca foram tão pobres. Mais de um terço deles vive com menos de dois dólares por dia. Nunca foram tão semelhantes. E nunca se diferenciaram tanto.

No entanto, poucas gerações nos separam do tempo em que a sociedade punha todos os jovens no mesmo saco. Manietados por severas leis comportamentais, impedidos de manifestar sua individualidade assim como eram impedidos de ter sexo e chave de casa, os jovens do passado pareciam feitos em série, obedecendo a um único modelo. Ou melhor, a um único modelo para cada cultura. Alguns poucos quebravam os dentes mordendo o freio. Mas a maioria dobrava-se à canga, e os adultos iludiam-se de saber com quem estavam lidando.

Então a adolescência começou a se expandir. Resultado de uma infância cada vez mais autoritária e poderosa, dessa infantocracia que já não cabia na sua própria pele, a adolescência avançou nas fronteiras circundantes, comeu boa parte da mesma infância que a havia gerado, abocanhou um pedaço aparentemente ocioso da juventude. E devorou todas as nossas certezas a seu respeito, deixando-nos cheios de interrogações.

Percorro exemplares da revista francesa de literatura *Lire*. A página referente ao mercado infanto-juvenil, "Critiques Jeunesse", traz resenhas de livros de três até 15 anos. Mas as estatísticas nos dizem que no mundo, anualmente, 14 milhões de moças entre os 15 e os 19 anos têm filhos. Deve haver algum equívoco no fato de livros para jovens mulheres potencialmente prontas para a maternidade serem apresentados, e pensados, em termos de mercado, juntamente com álbuns coloridos para crianças que ainda nem aprenderam a ler.

De fato, em exemplar recente, o lançamento de uma nova coleção *pocket* destinada a leitores de 15 anos vinha precedido da seguinte observação: "Para os adolescentes que já não encontram nas prateleiras dos infanto-juvenis nada que lhes sirva, e que ainda não se sentem à vontade na literatura para adultos..."

É como se em questões de leitura olhássemos a adolescência pelo retrovisor, conscientes porém de que só a parte mais flagrante aparece, enquanto uma outra parte avança naquele espaço que a estrutura do carro, ou das nossas instituições, oculta.

E essa parte, ainda a meio caminho na vida e na leitura, com a qual jogamos de olhos vendados, quem é? E o que lê?

Francisco Hinojosa, ensaísta, contista, autor infanto-juvenil mexicano, confrontado no decorrer de uma entrevista com a eterna questão "como você entrou em contato com os livros?", respondeu: "Uma vez li uns livros que meu irmão me emprestou. Chamavam-se *As histórias dos sete segredos*. Gostei. Foi uma experiência isolada. Lia o que tinha que ler como tarefa escolar, mas não por vontade própria. Minha infância literária — não a cronológica — começou com *A metamorfose* e *O castelo*, de Kafka, *A divina comédia*, e *Crime e castigo*. Isso foi aos 16 anos."

Aos 16 anos eu não lia *A divina comédia*. Lia Erich Maria Remarque e Françoise Mallet Joris. Aproximadamente nessa época fui apresentada à poesia de Paul Éluard.

Éramos jovens? Não sei de Francisco Hinojosa. Mas de mim posso dizer com certeza que sim, era jovem. Pela ótica de hoje, e por mais que me pareça surpreendente, era adolescente. Remarque foi paixão que partilhei com meu primeiro namoradinho, devorando juntos *Sem novidades no front*, para depois sairmos à cata dos outros livros do autor. Nem sabia ainda o que era aquele *calvados* que as personagens bebiam com tanta devoção, mas nunca mais esqueci os soldados defecando em suas privadas portáteis nos campos de papoulas, enquanto ao longe roncavam os canhões. Muitos anos mais tarde, um quadro de Manet com um campo de papoulas foi pendurado na portaria do meu prédio e vendo aquelas, ao chegar e sair de casa, eu pensava nas outras.

De Mallet Joris li dificultosamente, em francês, um livro trazido para mim por meu pai, *Les remparts des bequinges*, sem ter muita certeza, até o fim, do que fossem *remparts*. E sem me dar conta de que, para a época, havia uma certa ousadia de meu pai na escolha daquela história de uma moça seduzida pela amante do pai. Ousado, ou distraído, certo é que, já há algum tempo, meu pai não teria pensado em me dar livros que não fossem para adulto. Ler era bom, mesmo quando eu não entendia tudo.

Ler na adolescência pode ser bom ou, mais do que isso, pode ser um refúgio. Assim o foi para Jonathan Franzen, escolhido pelo *New York Times* como um dos vinte escritores americanos que terão importância no século XXI, e cujo último livro, *Corrections*, recebeu o National Book Award. "Levei uma vida solitária, até o segundo grau", disse ele em entrevista. "Tinha muito poucos amigos. Convivia com meus pais, as pessoas que andavam com meus pais. Levava uma vida de velho. Eu tinha instalado para mim, no porão, um laboratório de química. Lia o tempo inteiro. Trazia pilhas e pilhas de livros que ia buscar na biblioteca do meu bairro. Por conta disso, no colégio eu era universalmente detestado. Eles me achavam um babaca."

Franzen, como Hinojosa, também lia Kafka, *O processo* marcou-o profundamente. E leu Thomas Mann, e Rilke, e todas as obras de Shakespeare. Certamente, não era um adolescente típico esse que aos 13 anos começou a escrever seu primeiro romance. Mas o que é um adolescente típico?

Seriam típicos os adolescentes de classe média do Rio de Janeiro, acompanhados em seu processo deambulatório durante dois anos pelas sociólogas Maria Isabel de Almeida e Kátia Maria de Almeida Tracy, e apresentados no recente livro *Noites nômades*?

A idade deles nos serve, estão entre os 15 e os 19 anos. A classe social também, são abastados, vindos de boas escolas, e portanto potenciais leitores. E representam plenamente uma das características principais do nosso tempo, o moto-contínuo. "Hoje em dia estamos todos em movimento", afirmou o sociólogo polonês Zygmunt Bauman* falando de globalização.

Esses jovens tiram sua diversão noturna não de ir a algum lugar para encontrar amigos e com eles passar algumas horas bebendo ou dançando, mas indo de um lugar a outro sem se fixar em nenhum, fazendo da procura da diversão a diversão em si, migrando numa só noite entre uma boate, um *shopping center*, uma loja de conveniência, um posto de gasolina ou apenas um determinado pedaço de calçada. Ou, muitas vezes, mantendo-se à porta dos lugares, limitando-se

---
*Em *Globalização: as conseqüências humanas*.

à entrada, onde é possível encontrar pessoas, avaliar o ambiente, estar presente sem gastar dinheiro. Como disse um deles, "numa boate, o principal é a porta". Não deixa de ser uma boa metáfora para um grupo social que prefere manter-se fora das situações, fora de envolvimentos.

São, como se autodenominam, os "guerreiros da *night*".

E se o silêncio é o maior amigo da reflexão, poucas oportunidades de refletir há nessa batalha. Pois aqueles que em seus próprios quartos mantêm a televisão e o som constantemente ligados só saem para a guerra garantidos pelo celular. Como abelhas ou formigas, passam uns aos outros as informações sobre os pedaços mais doces da *night* e, a caminho de um lugar, já se organizam para ir ao próximo. As estratégias de deslocamento são armadas em rede telefônica quase ininterrupta. Ninguém está sozinho. A noite não se cala.

São esses os adolescentes para os quais devemos pensar leitura?

Mas a um jornalista do Rio que, escrevendo sobre o livro, perguntava se não seriam os "guerreiros" típicos representantes da sua geração, dezenas e dezenas de *e-mails* de outros adolescentes chegaram protestando. A noite pode estar cheia de jovens em trânsito ou momentaneamente parados numa calçada, disseram, mas nós não pertencemos a essa tribo, e somos muitos.

Enquanto os guerreiros "zoam" na noite, como eles gostam de dizer, a mesma noite abriga os riquinhos bem-comportados, os que fazem sua zoeira no computador pulando de *chat* em *chat* e de *blog* em *blog*, os que declamam seus poemas nas rodas de poesia, os que enfrentam a luta da sobrevivência nos subúrbios e nas favelas. Tribos diversas partilham o mesmo território urbano. E entre as tribos se movem, ágeis e despercebidos, os líberos.

Os jovens já não estão metidos no mesmo saco. A adolescência foi a sua revolução francesa. Deposto o poder adulto, podem exercer sua individualidade. E individualidade, agora, é também escolher a tribo de sua eleição. Que algumas dessas tribos sejam idênticas, consumindo idênticos produtos e produzindo idêntica linguagem numa circularidade Oriente/Ocidente nada individual, não constitui problema, pelo contrário, acrescenta dimensão universal à independência.

Desses jovens todos, porém, nenhum caiu de pára-quedas na adolescência. Todos eles, com sua moderna diversidade, vieram da infância, desse percurso inicial que, em que pesem as diferenças sociais, é uma fase da vida bem mais homogênea.

Tenhamos presente, portanto, que nossa conversa de hoje não começa aqui, sendo esse apenas um *campus* avançado da questão. Nossa conversa começa com crianças que nunca tiveram um livro na mão. E com o fotógrafo toscano Luciano Bonuccelli, dizendo-me que, em vez de contar histórias a seus filhos pequenos antes de dormir, lhes recitava Dante, por achar que a beleza da melodia poética se entranharia em suas almas para sempre. De adolescentes formados sem livros nossos países estão cheios, e os conhecemos bem. Que adolescentes se formam a partir de Dante, não sei. Certamente não serão todos iguais. Nem serão todos leitores. Mas de Hinojosa, que começou bebendo na fonte da *Divina comédia*, podemos dizer com certeza: tão divina lhe pareceu, que nunca mais largou os livros.

Diante de tanta diversidade e tantas interrogações, o autor para jovens se questiona sobre o seu fazer.

O público jovem é para ele um alvo altamente improvável.

Não está, como as crianças, reunido em um bloco socialmente delimitado e cronologicamente semelhante. Seus conhecimentos não podem ser avaliados pela faixa etária. O adolescente é criatura de duas cabeças, oficialmente autorizado a ser adulto e criança ao mesmo tempo. E, se é verdade que busca ferozmente a individualidade, é igualmente feroz sua luta para inserir-se no coletivo.

Assim, a expressão "leitura juvenil", nivelando aquilo que não pode ser nivelado, seria um equívoco grave se não trouxesse embutido dentro de si outro conceito: o de um leitor jovem não por idade ou crescimento, mas em relação ao seu próprio percurso de leitura. É nesse sentido que Hinojosa se refere às suas primeiras leituras de peso como sendo sua "infância literária", e frisa, "não cronológica".

Como se o que dissemos não bastasse, outros motivos tornam o adolescente alvo dificílimo. Vejamos quais são eles.

Motivo primeiro, ele está em movimento.

O bom caçador sabe como é complicado acertar naquilo que se move. O jovem está atravessando sua idade sobre um fio. Qualquer acontecimento traumático — a morte de um amigo, a separação dos pais, um assalto — pode lançá-lo para uma outra fase da sua vida, para uma outra idade. E não só os traumas o empurram, como também, e com quanta força, os hormônios. Bastam uma paixão ou uma decepção amorosa para catapultá-lo à frente. Basta um amante mais velho. Basta uma gravidez. É acordar num instante, e não ser mais adolescente.

Como frutas de uma mesma árvore, os jovens não amadurecem todos ao mesmo tempo, nem só do lado do sol. Impossível dizer qual deles avançará mais depressa ou em que prazo. O autor que de manhã apontou num adolescente, corre o risco de não encontrá-lo no mesmo lugar à tarde.

Motivo segundo, a escolha da isca.

Com que tema, com que linguagem atrair um adolescente? Os interesses dos jovens são sempre apaixonados, e na vigência de cada paixão nada além dela parece chamar sua atenção. Mas essas paixões tão ardentes são passageiras, variam muito. Variam ao sabor das escolhas da tribo. E a maioria dos adolescentes é tribal.

E variam também ao sabor do mercado, um mercado que os descobriu não faz muito, e que os seduz e manipula sem piedade. Agora mesmo, diante das vendas em seis dígitos da série *Harry Potter*, o mercado decreta mudanças de rumo. Que se faça o enterro dos livros de terror antes seus favoritos, e que se abram as portas àquela mesma fantasia mágica com ares de contos de fadas que até recentemente era considerada velharia. Em qualquer país do mundo, as estantes das seções infanto-juvenis das livrarias exibem, nesse momento, capas com dragões, cavaleiros de espada em punho, feiticeiros de negro manto. Nem Merlim teria realizado mágica tão eficaz.

Mas os parâmetros do mercado não servem para o autor, porque o mercado sobrevive do hoje, enquanto o autor necessita de permanência.

Como orientar-se, então, para despertar uma autêntica paixão, uma paixão capaz de desligar um adolescente da sua tribo, do seu celular, do canto de sereia do mercado, e conectá-lo, ainda que por breve tempo, com seu discurso interior?

Como atravessar a barreira de ruídos atrás dos quais o adolescente voluntariamente se encastela, para entregá-lo ao silêncio? Ou melhor, para entregar-lhe o silêncio? "Quando estamos no silêncio", disse o escritor dinamarquês e explorador do Ártico, Jørn Riel, "quando o escutamos, tomamos conhecimento de nós mesmos, porque só a nós mesmos escutamos."

Que temas oferecer a esses jovens de emoções tão à flor da pele, e que ainda assim oferecem a pele, como se alheia, para suporte de imagens e dizeres da moda?

Uma isca bem lançada pode influenciar toda uma vida. "Foi lendo Ivanhoé, em 1936, que descobri a Idade Média", — conta o medievalista Jacques Le Goff. "Eu tinha 12 anos. Já amava a história (...) E lendo Walter Scott a história confirmou sua sedução. O que me pareceu mais edificante foi, sem dúvida, o torneio de Ashby, com suas barracas, suas tendas, seu tumulto, suas cores, suas tribunas onde se misturavam povo, mercadores, nobres, damas, cavaleiros, monges, padres. Um torneio é de fato algo enorme. Poderíamos compará-lo a uma corrida de Fórmula 1." Bastaria essa comparação para evidenciar como a vida de Le Goff é um cruzar constante entre modernidade e Idade Média. E isso, a partir de uma leitura feita aos 12 anos.

Ray Bradbury cresceu lendo e amando as histórias tradicionais de fantasmas, de Dickens, Lovecraft, Poe, e mais tarde, Kuttner, Bloch e Clark Ashton Smith. "Escrevi no mínimo mil palavras por dia, todo dia, a partir dos 12 anos", diz em *Zen in the art of writing*. "Durante anos Poe ficou olhando por cima do meu ombro, enquanto Wells, Burroughs, e qualquer outro escritor de *Astounding* e de *Weird Tales* olhava por cima do outro." Com o passar do tempo, Bradbury aprendeu a tirar seus mestres dos ombros. Mas os fantasmas com que eles o haviam seduzido na infância nunca mais deixaram de habitar seus próprios livros.

O mercado tem hoje técnicas poderosas para tornar uma isca mais apetecível. Mas mesmo as técnicas precisam de uma boa base sobre a qual operar.

Motivo terceiro, a desconfiança gerada pela insegurança.

Nada mais fácil do que conduzir as crianças ao jogo literário. Elas vivem ainda no império do imaginário, com um pé na realidade e outro na fantasia, e não é necessário nenhum artifício para induzi-las à *suspension of desbelief*. Espontaneamente aceitam a narrativa como aceitariam a realidade.

O mesmo não se dá com os adultos, que já represaram o imaginário, e pretendem controlar suas comportas, com liberação restrita a momentos e situações determinados. Entretanto, a própria escolha de um livro, ou sua compra, pressupõe no adulto o desejo de entrar no jogo, e aceitar a falsa verdade — ou funda verdade — do universo narrativo.

O adolescente encontra-se em postura bem diferente. Em pleno processo de construção de si, não sabe ao certo quem é, e quem deve ser. A imagem com que se mostra aos outros é frágil, construída para consumo externo mas ainda sem sólidas bases interiores. E acima de tudo ele teme o gesto em falso, o ridículo capaz de expô-lo diante dos demais e estilhaçar essa imagem. Pedir que suspenda, ainda que por breve tempo, sua desconfiança é pedir muito. E seu impulso primeiro é o de se aproximar da leitura com as defesas armadas, prontas a salvá-lo em caso de armadilha. Desmontar essas defesas é árdua tarefa para o autor que a ele se dirige.

Os que o conseguiram não estavam apontando para o jovem. E provavelmente por causa disso o acertaram.

Alexandre Dumas não mirou seu canhão literário nos jovens quando criou aqueles três mosqueteiros inesquecíveis que eram quatro. Sir Walter Scott não previu Le Goff. Stevenson não se preocupou com a idade dos leitores quando ergueu suas velas rumo à Ilha do Tesouro. É pouco provável que Shakespeare tivesse em mente o jovem Franzer trancado em seu laboratório de química no porão. Swift ficaria sem dúvida boquiaberto se soubesse que seus livros satíricos, as aventuras daquele Gulliver que ele fez desembarcar em uma ilha de homens pequenos, representação da própria Inglaterra, e deparar-se com os cidadãos de salto alto e os de salto baixo que nada mais eram do que a versão simbólica dos dois eternos partidos ingleses, ficaria boquiaberto, repito, se soubesse que esses livros politicamente tão sofisticados são hoje indicados para a adolescência. E Verne, aquele Júlio Verne que me recebeu à chegada no Brasil, em coleção de livros fininhos de capa dura vermelha, presente do meu pai, na certa não pensava, ao escrever, que seduziria tão fundamente uma menina de 10 anos.

Aos 10 anos, há pouco saída da Segunda Guerra Mundial, eu não era sequer uma adolescente, mas uma criança que gostava de bonecas e cujo sonho de consumo era um fogão elétrico de brinquedo para brincar de comidinha. E é certo que os jovens do tempo de Alexandre Dumas não tinham os mesmos desejos nem ocupavam na sociedade o mesmo lugar dos adolescentes que hoje o lêem. Escrever com a finalidade de acertar nos de hoje ou nos de ontem sempre foi uma alucinação.

Mesmo autores mais recentes acertaram nos jovens sem nem olhar para eles. *Capitães da areia*, de Jorge Amado, que li com paixão por volta dos 15 anos, continua despertando paixões adolescentes, e já foi encenado repetidas vezes por elencos jovens, sempre com enorme sucesso. Talvez seja lícito considerá-lo um *Meninos da rua Paulo* em versão bem tropical. Entretanto, Jorge Amado dificilmente terá pensado nesse tipo de leitores em 1937, quando seu livro recém-publicado foi apreendido e queimado em praça pública pelas autoridades censórias do Estado Novo, tendo sido considerado perigoso veículo de idéias comunistas.

Até Ziraldo, meu amigo querido, apontou numa direção e fez centro em outra. Quando estava escrevendo *Vito Grandam*, me disse que pretendia um romance adultíssimo, sofrido, diferente da produção que fez dele o *darling* das crianças. Só bem depois de o livro editado percebeu que, sem querer, havia acertado num alvo raro e precioso, o leitor jovem.

Na leitura, as fronteiras etárias se diluem. Num exemplo recente, a escritora portuguesa Lidia Jorge publicou em seu livro *Marido e outros contos*, dirigido ao público adulto, um conto longo intitulado "A instrumentalina", que narra o crescimento interno de uma menina, apoiando narrativa e crescimento na presença da bicicleta de um tio. Pois bem, esse mesmo conto foi posteriormente republicado, sozinho, como livro para adolescentes.

Eu própria acabei dando de cara com os jovens numa esquina em que não os esperava. Tendo publicado há alguns anos um ensaio sobre o amor intitulado *E por falar em amor*, surpreendi-me ao ser chamada para debatê-lo com os estudantes, em escolas que o haviam adotado. E mais me surpreendi ao perceber que os jovens navegavam com razoável acerto em análises e idéias bastante complexas.

Da mesma forma, até hoje encontro jovens, alguns já crescidos, que me conheceram através de um livro de minicontos, definitivamente para adultos, e também centrado no amor. Parece bastante provável que o tema, isca poderosa de que falamos acima, tenha jogado um papel importante na atração desse público. Mas é fato que, em momento algum da elaboração de ambos os livros, a imagem de um leitor adolescente passou pela minha cabeça.

Exemplos não faltam. E os exemplos nos dizem que muitos autores acertaram sem mirar, porque havia em seus livros aquele tanto de aventura que habita o coração de todo jovem. E porque seus heróis tinham um valor individual intenso que lhes permitia vencer todos os obstáculos postos à sua frente pelo autor, exatamente aquele valor com que o jovem sonha para se proteger, e que duvida possuir. E porque souberam surpreender seus leitores, assim como a vida os surpreeende, essa vida para nós tão repetitiva, mas que eles encontram pela primeira vez.

E acertaram porque, uma vez que não se dirigiam exatamente aos jovens, não se preocuparam com eles, não tentaram atendê-los, não fizeram concessões de linguagem ou de forma. Os jovens se sentiram promovidos, e gostaram.

Eu escrevo livros para jovens. Imagino que por isso me chamaram a esse encontro. Escrevo livros para jovens, para crianças e para adultos. Olhando de onde estou, não vejo essas divisões, e sou tentada a incorrer num lugar-comum e dizer que, simplesmente, escrevo.

Não se entenda, com isso, que não faz diferença para quem escrevo, que nem penso nisso quando estou diante do computador. Seria impossível e primário. O que quero dizer é que não saio catando no éter, em busca de uma história adequada para este ou aquele modelo de leitor, para esta ou aquela idade exata. Nem faço histórias sob medida para atender os desejos do mercado. Não caço para compor o *menu* de mesa alheia. Não escrevi histórias de terror quando o mercado as buscava, nem escreverei agora histórias de bruxos. Ao contrário, escrevi contos de fadas quando ninguém parecia querê-los. Se caço, é para atender a história que, quando se apresenta em mim, diz para quem quer ser contada.

Se ao sentar para escrever, ou se ao buscar uma história, eu tentasse me dirigir aos adolescentes que tomam Viagra — fazendo com isso do Brasil o segundo maior consumidor mundial — para expandir sua *performance*, porque o encontro sexual entre um moço e uma moça deixou de ser um encontro de amor, para transformar-se em um evento atlético a ser publicizado entre os amigos, ficaria paralisada de desconhecimento.

Se eu me sentisse obrigada a alcançar com meu texto os jovens aparentemente tatibitatis e incapazes de organizar uma frase com mais de duas linhas, com quem conversei um dia em uma entrevista virtual, estranharia as palavras, desconheceria meu próprio vocabulário, e me sentiria sem ferramentas adequadas para seu universo de comunicação semiverbal.

Se ao escrever, se cada vez ao escrever para adolescentes eu buscasse chegar até os jovens soldados do tráfico, os "aviões", os olheiros, as meninas que se prostituem, os pequenos assaltantes das ruas, se eu tentasse saber como eles pensam, com que olhos vêem seu duro cotidiano, se eu quisesse escrever aquilo que eles quereriam ler, a impossibilidade da tarefa me daria câimbras na alma.

Então deixo a cabeça solta, sem endereço, abro portas e janelas, que o imaginário vá, como um falcão, e me traga de volta alguma história.

Quem vai narrar essa história é a pessoa que sou, conhecedora plena de uma única experiência de vida, a minha. É uma menina de 10 anos que viajou à Lua com Verne, e é a mulher que tantos anos mais tarde veria os primeiros homens pisar na Lua de verdade. Quem vai contar é a jovem que lia Remarque e que recebeu dele não uma papoula, não um buquê de papoulas, mas um campo inteiro de papoulas, campo de sangue e vida onde canhões ecoam para sempre.

Franzen, aquele que lia o tempo todo no laboratório de química do porão, mal levantou o nariz dos livros. Mas através deles aprendeu a ver a vida: "O efeito de todo aquele tempo que eu passava lendo era de uma lente de aumento. Quando, no Natal, eu voltava para encontrar minha família, que não havia visto durante mais de um ano, eu compreendia de repente todas as relações entre nós, entre meus irmãos e eu, entre meus pais e meus irmãos. Como se estivesse num estádio, no alto das arquibancadas, vendo do alto a partida se desenrolar, abrangendo de um só golpe toda a ação."

Espero que Jorge Amado e o *Tesouro da Juventude* — enciclopédia jovem, em 11 volumes, que foi uma das minhas alegrias de leitora —, somados a Cesare Pavese e às pilhas de livros que sustentaram meu crescimento, tenham me dado, senão uma lente de aumento, pelo menos uns discretos óculos. E que esses me permitam contar histórias para qualquer idade. Pois não tenho outra narradora a oferecer. Qualquer outra seria falsa, seria um espantalho aprontado com a minha roupa ou mesmo com a minha pele, recheado de palha recém-colhida na última moda editorial ou nos dados de uma pesquisa comportamental, feito para agradar o leitor. Mas os espantalhos por mais que pareçam verdadeiros não o são. E, como o nome diz, não atraem, espantam.

Nas minhas narrativas, tenho gostado de conversar com os jovens de duas maneiras diferentes.

Uma é através de algo que dito parece pretensioso, mas que é simples e verdadeiro. Através da emoção. Não da deles, que desconheço. Mas da minha. Acredito que uma emoção é suficiente, se for intensa. A emoção contamina. O escritor não está presente quando o leitor lê, e não vê a sua própria emoção, aquela emoção que o guiou na escrita, refletida no rosto do outro, como o pulsar que lhe cresce na alma. O escritor só tem, eventualmente, o relato posterior, que não é a mesma coisa, porque é feito a frio. Mas aquele que conta histórias oralmente, e as conta com paixão transmitindo-lhes vida, sabe como o olhar dos seus ouvintes muda e se acende e parece avançar, tomado pela contação, assim como está tomado o contador.

A emoção é minha medida para escrever contos de fadas. Se a história me abala, se eu fico eufórica ou se tenho que sair para respirar um ar mais fundo, posso confiar nela. E as melhores são aquelas diante das quais, surpresa, sem querer me pergunto: "de onde é que eu fui tirar isso?!" De nada me servem histórias sem sobressalto, bem constrúidinhas, que me chegam burocraticamente como envelopes pelo correio.

E porque é a emoção, mais do que a história em si, que estabelece o diálogo com o leitor, o entendimento pode passar por cima das palavras. Nesse sentido, os contos de fadas, com sua linguagem metafórica e o universo comum dos seus símbolos, são veleiros que viajam em qualquer água. O menino de rua, o índio, o jovem rico ou o sem estudo são portos onde eles ancoram com igual facilidade.

A outra maneira a que cheguei para conversar com leitores jovens veio aos poucos, por exigência dela mesma. Começou em um livro intitulado *Ana Z. aonde vai você?* que conta a viagem iniciática de uma menina através de uma mina, uma tumba, o deserto, oásis, estúdios de cinema, o metrô. Eu havia trabalhado, algum tempo antes, em um roteiro de cinema, e uma das questões que mais se martelavam nas reuniões com o diretor era a necessidade de pleno conhecimento das personagens, quem eram elas, de onde vinham, o que pensavam. Sem isso, dizia-se, era impossível narrar qualquer coisa corretamente.

Pois bem, quando decidi escrever um livro de aventuras tendo uma menina como protagonista — a menina aventureira que eu nunca havia encontrado em minhas leituras infanto-juvenis, e da qual sentia falta —, essa menina eu a vi à beira de um poço. A imaginação da gente é assim. A gente evoca uma menina, e ela aparece. Mas não apareceu com carteira de identidade, atestado de nascimento, álbum de fotografias familiares. Nem bolsa tinha, porque era menina.

E eu não tinha a mínima idéia de onde ela vinha. Aliás, no primeiro momento do nosso encontro, também não tinha idéia de aonde ela iria — como o título confessa.

Tive a sensação exata de que, se lhe inventasse um passado, estaria rompendo a regra do jogo que acabávamos de começar. O passado seria "inventado", não dela. Então, negando aquilo que havia aprendido com o pessoal do cinema, resolvi não só aceitar Ana sem passado, como abrir essa situação para o leitor, e fazê-lo cúmplice. Ele e eu não sabíamos de onde Ana vinha. E íamos descobrir juntos para onde ela iria. O leitor pareceu chegar mais perto de mim.

Ao longo do livro trabalhei da mesma maneira, sem procurar descobrir coisas que não sabia, aceitando ausências na história, ausentando-me eu própria como narradora, e deixando a personagem solta, para agir como bem entendesse. Mas em hora nenhuma desejei devolver o leitor à sua posição tradicional de consumidor que recebe o prato pronto.

Anos depois, levei esse tipo de diálogo adiante em outro livro, *Penélope manda lembranças*, livro de contos, centrado no tema da metamorfose. Hesitei muito antes de começar a escrever, entre fazê-lo para adultos ou não. Escolhi não, justamente pela tentação de retomar e ampliar o caminho que Ana Z. havia aberto para mim.

Dessa vez, eu me dirigi claramente ao jovem leitor, trazendo-o para dentro da narrativa, dando-lhe algumas ordens e oferecendo-lhe algumas opções, permitindo que escolhesse uma ou outra cor de uma roupa, um ou outro lugar para sentar-se, ou mandando que não fizesse barulho ao entrar em determinado cômodo. Mostrei para ele como se armava a encenação narrativa, como havia razões para cada escolha, e como cada elemento só entrava na composição se fosse necessário. Sentia-me quase como um estofador revelando ao jovem assistente a ossatura do sofá que, progressivamente, vai sendo revestido.

Fiz ele sentar ao meu lado. Assim como Bradbury escrevia tendo Poe montado no ombro, quis escrever tendo o leitor sentado no braço da minha cadeira. Ele me fez boa companhia, era jovem e leve, tinha bom hálito. E eu gostei de levá-lo pela mão, de ensinar-lhe como se inventa dizendo a verdade, como se pode conhecer, e com quanta profundidade, aquilo que não existe.

Não sei se voltarei a dialogar assim com jovens leitores. Não sei sequer se eles responderam do outro lado, se me leram sentindo que eu estava ali junto, que era leve embora não sendo jovem, e que os amava.

Não sei que jovens, de que tribos, participaram comigo desse jogo. Um jogo que eu gostaria fosse mais intenso do que qualquer *videogame*, porque mais do que qualquer *videogame* pode ajudá-los a compor sua lente de aumento.

Não quero a pretensão de uma abrangência muito diversificada. A bem dizer, não sei sequer como isso se daria. Parece-me que o leitor que gosta de mim é sempre o mesmo leitor, ou antes, o mesmo tipo de leitor, um leitor em busca das mesmas coisas que eu.

Entre tantas perguntas sem resposta, ofereço uma esperança. A de que muitos daqueles mesmos jovens que entre semelhantes se mimetizam nas tribos, quando sozinhos, mergulhem na leitura. E na leitura se dispam dos distintivos tribais, voltem a ser simplesmente jovens espécimes da raça humana, inseguros e cheios de riquezas, avançando rumo a si mesmos, adultos em construção.

Seminário internacional "La lectura y los adolescentes", Cidade do México, 2003.

Um espelho para dentro

O tema desta mesa me chegou como um presente. Não que os homens não sejam amigos do espelho; sua própria masculinidade os conduz até ele, todos os dias, para a tosquia da barba. Mas somos nós mulheres que, em nome de Vênus, o empunhamos como símbolo.

E não se trata daquela vaidade física que, injustamente, só a nós é tributada. Trata-se de antiqüíssimas representações. As mesmas que trazem o espelho aqui hoje, como ponto de partida, quando o que queremos é tratar de literatura.

Peço licença, e dou um salto para trás, dos grandes. Só para colher, no Antigo Egito, o *ankh*, hoje mais conhecido como cruz egípcia, empunhado pelos faraós como símbolo de vida, amor, sexualidade. O mesmo *ankh* que em sua forma de hieróglifo tinha duplo significado, a um só tempo vida e espelho.

Poderíamos perfeitamente parar aqui. Adotávamos o *ankh* como símbolo também da literatura — ele certamente não haveria de se perturbar com uma significação a mais — e estava tudo dito, a vida, o amor, a sexualidade e os reflexos, todos contidos numa cruz egípcia. Ou num livro. Mas espelhos existem para multiplicar imagens, não para resumi-las.

Então, imaginemos.

Imagem primeira: um espelho, duas faces

De um lado o cintilar do vidro prateado, o que atrai o olhar, o que multiplica. Do outro, a discrição da sombra, o oculto.

Na sombra, uma pessoa extrai do peito, com cuidado, longas, longuíssimas fieiras de palavras, e com dedos leves as vai depositando — mandala, espiral, serpente — sobre as costas do espelho.

Do lado oposto, recebendo no rosto a luz que a superfície prateada rebate, alguém se debruça, seduzido, à procura.

O escritor, na ensangüentada sombra dos sentimentos que revira para alinhavar suas fieiras, não tem como saber quem se debruçará para colhê-las, quem se deixará envolver por elas como se por tranças.

Nem pode, em plena luz, saber o leitor em que veia, em que carne, os dedos finos do outro pinçaram sua pesca.

Mas é para o seu invisível leitor que o escritor se volta enquanto emenda letra em letra, desejando que ao curvar-se sobre o espelho o leitor encontre sua própria imagem mil vezes refletida, mil vezes confundida com a que ele, autor, tira do peito.

Imagem segunda: o escritor então pode ser visto como um fabricante de espelhos

Fabricante de espelhos, está bem, mas de que espelhos? Essa é a primeira questão a ser resolvida pelo jovem escritor. Espelhos há de toda forma e feitio, para todo tipo de reflexo, lisos ou ondulados, planos ou convexos, sinceros ou mentirosos. Entre tantos, um será o dele. Cabe-lhe decidir qual.

O espelho plano, claro, que reflete a realidade sem distorções, parece ser a escolha mais imediata que se oferece. Trata-se de produzir uma escrita apta a entregar ao leitor imagens que ele próprio poderia ter visto, se estivesse no mesmo lugar e prestasse igual atenção. Ou imagens semelhantes às que o leitor já tenha visto, mostradas, porém, de outro ângulo, o texto funcionando então como aqueles espelhos que posicionamos um pouco ao lado do rosto, para que nos mostrem o que há atrás de nós, ou como espelhos de motel, impiedosamente colocados no teto, que nos achatam com sua visão celeste. Uma escrita que acima de tudo se quer perturbadora pela semelhança, e pela semelhança nos oferece a vida.

Existem, porém, vários tipos de espelho plano. E essa será a segunda escolha do jovem escritor.

Espelho industrial! — grita o mercado do livro. Dêem-me um bom espelho industrial, sem alterações, dos que saem sempre iguais das máquinas do seu criador, um espelho capaz de garantir ao leitor que encontrará a mesma imagem que já conhece, aquela com que está acostumado, que não o ameaça, que já aprovou, e que continuará comprando.

Espelho artesanal!, oferecem em troca tantos autores. Espelho de vidro soprado e aplanado à mão, como os antigos espelhos de Veneza, longamente polido, de cuidadas arestas. Espelho diferente do que o precedeu e do que se seguirá, mas mantendo a marca da mão do artesão, como uma doação, presente nas pequeníssimas bolhas de ar aprisionado, nas mínimas ondulações da superfície que garantem uma imagem cada vez mais distinta, inigualável.

Sim, muitos são os espelhos possíveis.

Quem nunca se olhou numa vitrina, ao andar pela rua? Um reflexo rápido, em movimento, fundido com os objetos expostos atrás do vidro e com a vaga imagem das outras pessoas da calçada, do carro que passa, do cão que nos olha enquanto nos olhamos. Uma imagem estilhaçada pela pressa, penetrada pela luz. Eis uma bela opção de espelho literário.

E os espelhos deformantes? Na sala de espelhos do parque de diversões, somos magros e gordos, compridos e tronchos, enquanto nossa imagem ondula e se move ao menor deslocamento, instável, cômica, grotesca. Quem se habilita a encher prateleiras com a fascinação dessas imagens, que já foram recurso para tantos escritores?

Há espelhos que abrem passagem para dentro do seu próprio reflexo, como o de Alice. Metaespelhos. E espelhos de salão de barbeiro, que barrocamente retomam as mesmas imagens, numa sensação de infinito.

Entre tantos espelhos possíveis, vale inclusive despedaçar o espelho, e trabalhar com os cacos.

Imagens há de todo tipo. Preciso é fazer a própria escolha.

Imagem terceira: uma fazedora de espelhos mágicos

Eu gostaria de poder dizer que fiz a minha escolha desde o início. Me ficaria bem essa vontade límpida assumida ao primeiro passo. Talvez, eu até o dissesse, anos atrás. Mas hoje sei que, mais do que escolher, fui escolhida. Ou, para ser mais precisa, a escolha antecedeu em muito o momento da decisão, fazendo seus ossos ao longo dos anos, através das leituras, das preferências, do que a alma me impunha.

No momento da decisão, então, postei-me diante do espelho e perguntei: "Espelho, espelho meu, que escritora serei eu?"

E, tendo me mandado buscar papel e lápis, o espelho começou a ditar.

Ele próprio, me disse, só serviria em parte. Serviria porque era mágico, capaz de ouvir minha voz, e falante. Serviria porque podia me contar umas tantas coisas. Mas não serviria porque era muito liso, certinho, devassável.

O espelho melhor para mim, decidimos juntos, não seria de vidro, mas de metal polido. Um metal capaz de refletir claramente, quando posto em boa luz e bem lustrado, mas disposto a escurecer ao meu comando.

Nem seria um espelho grande. Eu o queria pequeno, embora capaz de amplos reflexos. Eu o queria do tamanho da palma da mão, companhia possível, a levar consigo como os pequenos espelhos que as damas romanas carregavam pendurados ao cinto. Ou menor ainda, faceta de diamante, lâmina de faca, mínima superfície em que a luz salta e os olhos se encontram.

E meu espelho teria — disso eu fazia questão — fundo falso. Quando o metal brilhante atraísse a mão — ou o olhar —, não encontraria a resistência esperada, mas haveria de afundar, como se em finíssimas cinzas, acolhida por sua mesma temperatura, levada para dentro, cada vez mais para dentro.

Nas costas do espelho, optamos juntos por um desenho gravado, ramagens ou bichos ou os dois entrelaçados. Gravado no metal porém cambiante, de que eu pudesse dispor, sempre outro, como um bordado que se faz, se desmancha e se torna a fazer.

E o meu espelho — ah, isso eu sentia como muitíssimo importante — haveria de refletir menos as coisas em si do que o avesso das coisas, a sua face guardada, lado escuro da Lua, reverso de tapete, lado de dentro da casca, da concha, da rocha, da pele.

Assim, empunhando meu espelho de metal com fé tão firme como a que levava os faraós a empunhar o *ankh*, fui à luta.

Imagem quarta: da estréia em diante, o espelho ora se lustra, ora se embaça

Estreei com um livro de textos breves, sobre solidão. Foram tomados como crônicas, não são. São momentos de solidão alternados, um capítulo do presente, outro do passado, cronologias, *flashes*. Em vez de um só espelho pequeno, trabalhei com muitos espelhos minúsculos, bola de espelhos que gira ao alto na escuridão do *dancing*. Pela primeira vez, que certamente não seria a última, eu me utilizava de fragmentos para traçar um percurso.

Penso, às vezes, que minha maneira de escrever é igual ao comportamento de João perdido com Maria na floresta. Vou jogando pedacinhos de pão, marcando um caminho a ser seguido pelo leitor, um caminho aparentemente sereno que o levará, porém, a cair em território enfeitiçado.

Que meu livro inicial fosse remetido à crônica era de se esperar, uma vez que naquela época eu era cronista, como o fui depois em várias ocasiões. Entretanto, mesmo nas crônicas, atadas por sua própria natureza ao factual, à cotidianeidade da mídia, tratei de manter minha disposição primeira, sempre alternando claro e escuro. Já disse que por formação sou gravadora? Ácidos e metal, alquimia, o preto, o branco, e a sinfonia dos cinzas. Gravada ou impressa, até hoje a luz só me interessa porque em algum ponto a seu lado a sombra pulsa. E vice-versa.

Espelhos pequenos, esses são os que mais me encantam. Miniespelhos. Ou minicontos. No meu primeiro livro de minicontos, os animais gravados nas costas do espelho deslizaram pela moldura, tomaram conta dos reflexos. *Zooilógico* é o título do livro.

Escrevi mais dois livros de minicontos, formando uma trilogia. O segundo, *A morada do ser*, tratava do corpo, da palavra, da casa, moradas nossas. Armei para ele uma estrutura especial, igual à de um mapa de vendas imobiliário — eu trabalhava em publicidade naquele momento, e atendia uma grande conta imobiliária. Cada conto representava um apartamento, e entre cada andar de apartamentos havia um conto sobre áreas comuns, como lixeira, garagem, elevadores. Ao alto, três coberturas. Uma estrutura rígida em contraponto ao conteúdo, uma estrutura como uma alça, para me dar firmeza enquanto operava buscando tirar do meu minúsculo espelho reflexos maiores.

O terceiro, *Contos de amor rasgados*, diz no título a que veio. Também nesse caso senti necessidade de um rigor em que me apoiar, e a busca desse rigor acabou desembocando num ensaio, *E por falar em amor*, publicado antes mesmo que se concretizasse o livro de contos.

Mais uma vez eu jogava com alternâncias, embora mantendo meu espelho firmemente voltado para dentro.

Imagem quinta: o espelho é de penteadeira

Não disse acima — talvez por não ter sido um ponto de partida e sim o encontro de portos outros ao longo do caminho — mas meu espelho tem vocação de espelho de penteadeira, se quer com várias faces.

Uma das suas faces só reflete mulheres. Mulheres e o seu entorno, mulheres e homens. Mas, em primeiro plano, mulheres. Um espelho de Vênus.

São meus ensaios jornalísticos sobre comportamento. No tempo em que os escrevi, falávamos em feminismo, hoje isso tudo virou estudo de gêneros. Seja qual for o rótulo, eles estavam na minha rota desde cedo. Pois, como poderia ousar qualquer mínima indagação sobre o mundo e sobre a vida sem antes estabelecer quem sou, e questionar minha posição entre os demais?

Durante 18 anos cuidei disso. E houve um momento em que o espelho multiplicou ainda mais seus reflexos. Eu mantinha, em uma revista feminina de grande circulação, uma coluna em que respondia a cartas. Uma carta por mês. Um problema por mês. Nunca pretendi resolvê-los. O que tentei foi fazer uma leitura da carta capaz de devolver à sua autora — e às mais de 200 mil leitoras — uma outra visão do problema apresentado. Uma leitura daquilo que ela havia me dito sem se dar conta, uma leitura das entrelinhas, do lado avesso das palavras. A imagem que me havia sido enviada era devolvida à sua dona, em novo ângulo, mostrando pontos antes não vistos, de modo a permitir-lhe novas abordagens e, quem sabe, a solução.

Essa é uma das faces.

A outra, doce face que seduz meu coração, são os contos de fadas. Que fique claro, meu espelho não reflete, não modifica, não recria os contos de fadas clássicos. Os contos de fadas são um gênero literário específico, e o fato de haver poucos escritores ocupando-se deles não significa que o gênero esteja morto, ou que viva apenas de beber em antigas fontes. Digamos, simplesmente, que uma das faces do meu espelho é portal que só de raro em raro se abre, permitindo-me entrar na dimensão encantada e acariciar tesouros.

Tudo é lado de dentro, nos contos de fadas. Tudo desliza para o fundo sem fundo do espelho. E a conversa que se trava entre as imagens, inaudível, nem pertence a mim nem ao leitor. Vem de longe, somos, ele e eu, somente seus depositários por herança.

"Espelho, espelho meu", voltei a perguntar há exatos dez anos, "o que foi que a escrita ainda não me deu?"

E o espelho me respondeu: a poesia.

Mas a poesia também estava, inevitavelmente, no meu rumo. Pois é na poesia, mais do que em qualquer outro gênero, que podemos beijar o lado de dentro das palavras.

E porque estava no meu rumo, *Rota de colisão* chamou-se o meu primeiro livro de poesia.

Dele, enquanto continua girando a bola de espelhos do meu *dancing*, escolho um poema para encerrar:

Como uma libélula negra

Era uma mulher
que apagava os espelhos.
Bastava ela chegar
e a lâmina de prata
ensombrecia
punha-se escura e verde
como um lago.
Ela se debruçava
indiferente
assoprava de leve.
Nada se percebia na superfície
nem encrespar
nem onda.
Mas no fundo do fundo
além do olhar
onde as folhas secretas apodrecem
na densa lama
a vida se mexia.

Encuentro de Escritores Brasileños,
Casa de América, Madri, 2003.

De palácio em palácio

Ao tempo em que escreveu *O Gattopardo,* Lampedusa morava numa casa pequena, na estreita rua Butera, que passa por trás dos mais belos palácios de Palermo. Podemos supor que ele a visse na infância, ao debruçar-se na janela de um daqueles palácios, o da sua família, onde foi criado. Mas o palácio deixou de existir em 1943, destruído por uma bomba. A mesma bomba "manufaturada em Pittsburgh Penn." que no romance provaria aos deuses pintados no teto, de onde "reclinados em coxins dourados olhavam para baixo sorridentes e inexoráveis" considerando-se eternos, o quanto estavam enganados.

Os deuses talvez não estivessem pintados no palácio dos Lampedusa, que lhe serviu de modelo, embora o estejam no dos Ponteleone, naquele salão de ficção "todo dourado", fechado sobre si mesmo como um escrínio, onde se realiza o grande baile. E é certo que a casa, a casa pequena que o príncipe Tomasi di Lampedusa fez questão de comprar após a destruição do palácio, é aquela que aparece no romance como tendo um terraço de onde se vêem mar e montanhas, e que não pode acolher o príncipe Salina na hora da morte por não ter sequer uma cama. Pois essa casa, essa casa já desdobrada, é a mesma que fora comprada outrora, apenas para almoços de verão, por seu bisavô Giulio, modelo para o príncipe Salina, o astrônomo descobridor de dois asteróides, Palma e Lampedusa, cujos estudos lhe valeram o reconhecimento da Sorbonne e cujo corpo está enterrado no cemitério dos Capuchinhos, em Palermo, perto do corpo do seu bisneto. Era Lampedusa, o autor, ou Salina, o personagem, que perto da morte pensava em seu próprio corpo mumificando-se lentamente naquele mesmo cemitério? Ou teria sido Giulio, o bisavô e modelo?

Vertigens de ficção e realidade. Fusões da memória. Superposição de personalidades e moradias que se esbatem, umas sobre as outras, transparentes e vivas como as brancas cortinas de linho que um vento tange incessante no filme extraído do romance por Visconti.

Que importância tem isso para a leitura do livro? Nenhuma. E toda. Um livro, em que pese a opinião dos exegetas, é ele mesmo e aquilo que o gerou. Assim como qualquer obra de arte. Um quadro de Van Gogh, qualquer quadro de Van Gogh, é, hoje, ele mesmo e uma orelha decepada. O sangue que escorre da orelha certamente não altera a qualidade estética da obra. Mas a aproxima de nós. E a surdez de Beethoven, e o quarto forrado de cortiça de Proust, e as paixões de Picasso e as vidas todas de todos os artistas são caminhos que nos iludimos de percorrer na tentativa de entender, ainda que através de tênues vislumbres, o mistério da criação.

Morte e vida literária

A morte do autor marcou para sempre este livro. Não só pelo fato dramático de ocorrer antes da publicação — e do sucesso. Não só pelas hesitações e questionamentos que envolveram as três versões. Mas porque o deixou sem direito de resposta nos debates polêmicos que se seguiram ao lançamento do romance. Direito de que talvez ele, tão recolhido e taciturno, nem sequer lançasse mão. Respostas, porém, que enriqueceriam o público.

As polêmicas começaram invisíveis, com a recusa do livro por parte do escritor Elio Vittorini, que o havia lido para a editora Einaudi. E configuraram-se abertamente um ano mais tarde, quando o livro foi descoberto por Giorgio Bassani para a editora Feltrinelli, alcançando imediato e estrondoso sucesso de público.

A crítica dividiu-se. O público perguntava-se quem, afinal, entende de literatura. Mas a questão estava menos ligada à literatura do que à política literária. Vittorini, representante exponencial do movimento neo-realista italiano, escritor militante, marxista, não poderia ter feito outra leitura que não a puramente ideológica. Já para Bassani, imbuído da filosofia de Benedetto Croce, ligado à narrativa introspectiva, a visão subjetiva de Lampedusa era forma perfeitamente válida na construção de uma obra de arte. Críticos marxistas de um lado, críticos idealistas do outro, a discussão esquentou os ambientes literários. Em texto de 1959, Mario Alicata resumia as críticas contra o livro, definindo-o como uma obra "que queria ser e não havia conseguido ser, por culpa da visão reacionária do autor". Hoje diríamos simplesmente que o *Gattopardo* foi vítima de patrulhamento ideológico.

Nem parecem ter-se esgotado as controvérsias a respeito do livro. Em 1998, comemorando quarenta anos da primeira edição, Francesco Orlando, discípulo de Lampedusa, datilógrafo de uma das versões, profundo conhecedor da obra e já autor de *Ricordo di Lampedusa*, publicou um ensaio intitulado *L'intimitá e la storia*, em que reforça os argumentos teóricos a favor do *Gattopardo*, considerando-o uma obra-prima sob qualquer aspecto. Em resposta, o crítico Alberto Asor Rosa retomou aqueles mesmos argumentos utilizados no passado, para dizer, através de um artigo publicado no jornal *La Repubblica*, que a temática da "fatalidade siciliana" é gasta e óbvia, que o *Gattopardo* é um exemplo de formalismo decadente e "um *feuilleton* de prosa antiquada". Tentando analisar ambos, Walter Mauro conclui assim um longo artigo: "O *Gattopardo* é um grande texto a ser analisado com os instrumentos críticos disponíveis hoje, e não através de um paleontomarxismo em que ninguém mais acredita, nem mesmo os protagonistas supérstites de então."

Assim como continuam vivas as polêmicas, o próprio livro parece não se esgotar. Também no final de 1998, Gioacchino Lanza Tomasi, filho adotivo de Lampedusa — que serviu grandemente como modelo, sobretudo na parte física, para a composição de Tancredi — anunciou haver sido encontrada uma pasta com escrito na capa "Materiale attorno al Gattopardo" e contendo um material com o título: "Canzoniere di Casa Salina".

É um capítulo incompleto que seria constituído por 17 sonetos, dos quais só dois chegaram a ser escritos, além de uma ode e uma introdução. Nele, em forma de poesia, o príncipe Fabrizio revelava sua paixão por Angelica, sentimento que, se tivesse sido levado adiante na estrutura ficcional, teria modificado de forma notável o romance, alterando o equilíbrio das relações. A descoberta dessa pasta, encontrada na casa romana de Giuseppe Biancheri, sobrinho do autor de *O Gattopardo*, acrescenta mais uma interrogação às já existentes.

Duas palavras sobre Lampedusa

Giuseppe Tomasi, duque de Palma e príncipe de Lampedusa. Um homem alto, corpulento, quase sempre vestido de escuro, que apesar do título e da mole física passava despercebido, ocultando-se atrás do seu próprio silêncio, da sua discrição. Um homem do mundo, porém. E de ampla cultura.

23 de dezembro de 1896, a data de nascimento. A infância — e boa parte da adolescência — quase toda passada nos palácios dos pais e dos avós, em Palermo e em Santa Margherita Belice. "Até o liceu, passei todas as tardes na casa dos meus avós paternos, sentado no salão atrás de uma cortina, lendo", disse ele certa vez (e penso no recolhimento, que foi também o da minha própria infância, proporcionado por aquele espaço, irrelevante por fora mas exato por dentro, que as paredes muito largas dos palácios antigos deixam entre as cortinas e as janelas).

Como convinha a um aristocrata, o francês desde cedo, sua segunda língua. Longas e freqüentes temporadas em Paris. Numerosas viagens. Sempre, a literatura pontuando sua vida.

Quando a Primeira Guerra tem início, Lampedusa, matriculado na escola de direito, é obrigado a trocar os livros pelas armas. Oficial de artilharia, é feito prisioneiro, foge, é recapturado, torna a fugir. Após a guerra viaja a Londres, onde seu tio, o marquês Pietro Tomasi della Torreta, era embaixador. Papel relevante terá esse tio.

Em primeiro lugar porque foi com sua enteada, a aristocrata russa Alessandra Wolff-Stomersee, que Lampedusa veio a se casar. Filha de um nobre especialmente culto da corte de Nicolau II, e de mãe italiana, Alessandra havia viajado muito, falava vários idiomas. Psicanalista (chegou a ser eleita presidente da Sociedade Psicanalítica Italiana), introduziu Lampedusa nos estudos freudianos, naquela época pouco divulgados na Itália, e juntos estudaram literatura russa, que ela o ajudava a ler no original. Impressiona-me a descrição que dela fez o jornalista italiano Luigi Barzini após visitá-la em Palermo: alta, magra, loura, ela o recebeu em sua casa vestindo um "casaco negro de lã leve que descia até os tornozelos"; uma estola de peles rodeava-lhe os ombros; estava de chapéu e um véu preto encobria-lhe os olhos.

E importantíssimo foi esse tio embaixador atuando como memória viva para Lampedusa. Era ele quem se lembrava do bisavô astrônomo do escritor, e do cão Bendicó, que realmente existira e fora empalhado. Era ele que havia conhecido o jesuíta capelão da família — que no romance se transformaria em padre Pirrone — e o avô Giulio, morto num hotel depois de uma longa viagem de trem, como viria a morrer o príncipe Salina.

Mas quando o marquês perguntou ao sobrinho o que estava fazendo, escrevendo naqueles cadernos todos, este respondeu apenas: "Estou me divertindo."

Estudioso constante e profundo conhecedor de História, garimpeiro dedicado da memória, Lampedusa planejou durante 25 anos escrever o romance em que as fundiria. Enquanto não escrevia, lia. E relia. Os clássicos, os antigos, os novos. Duas paixões, Tolstoi e Stendhal. Na sua mesa-de-cabeceira, *Pickwick Papers*, de Dickens. No bolso, no escritório, por toda parte, em várias edições, Shakespeare.

Participou da Segunda Guerra, foi nomeado presidente da Cruz Vermelha siciliana. E no princípio da década de 50, querendo aproveitar seus conhecimentos, juntou um grupo de jovens apaixonados por literatura com os quais, às vezes na sua casa, freqüentemente no café Mazzara, organizou diversos cursos.

O encontro de San Pellegrino Terme* iria acelerar os tempos até então lentamente sicilianos. O príncipe começou a escrever sofregamente o romance que há tantos anos o acompanhava. Saía de manhã cedo, ia escrever no clube, o Circolo Bellini. Voltava às três da tarde. Nos primeiros meses de 1956, Francesco Orlando recebeu do amigo e mestre "um caderno, todo escrito mas sem título, e o pedido de ler em voz alta". Era o primeiro capítulo.

Morreu de câncer de pulmão a 23 de julho de 1957. Fumava muito.

---

*Reunião literária da pequena estação termal, em que novos talentos promissores eram apresentados por grandes nomes da literatura italiana. Lampedusa compareceu, no verão de 1954, acampanhando seu primo Lucio Piccolo, que ingressava no universo das letras apadrinhado pelo poeta Eugenio Montale.

Deste aristocrata arredio, deste intelectual silencioso que preservava sua intimidade e evitava novos contatos, havia poucas imagens. Ausência recentemente preenchida pelo livro *Biografia per immagini di Giuseppe Tomasi di Lampedusa,* organizado por Gioacchino Lanza Tomasi. No livro, fotos do álbum de família — e não posso deixar de pensar nas miniaturas de família que povoam a parede do estúdio do príncipe Salina em Donnafugata —, retratos dos antepassados, cimélios, lembranças de viagens, fotos de moradias, traçam mais uma visão da vida do romancista, dos elementos da sua memória tão preciosos para a sua ficção. Só que, agora, tudo é passado.

Algumas opções na tradução

A primeira, é claro, diz respeito ao título. Hesitei muito. Em respeito à língua, dobrei-me inicialmente ao *Leopardo.* Mas a palavra *leopardo* é lenta, não salta, não tem a intensidade vibrante do gato, e muito menos do *gatto* com o redobrado impacto dos duplos t.

Então, *Gattopardo.* Que uso na forma original, como nome próprio. E com o qual mantenho a força heráldica dos Salina.

A segunda refere-se à pontuação. A apresentação de Gioacchino Lanza deixa bem claras as intenções de Lampedusa. Sobretudo em relação a períodos e à utilização do ponto-e-vírgula. E confirma que suas escolhas não respeitam as tradições de pontuação em italiano. Sendo uma das intenções desta edição justamente a de ser a mais fiel ao original, pareceu-me correto obedecer o máximo possível ao autor, inovando em português como ele o fez em sua própria língua. Fui obrigada, por injunções do português, a uma menor parcimônia de vírgulas, mas tentei ser o mais econômica possível sem perder o entendimento e o ritmo próprio ao nosso fraseado.

Optei por manter a forma siciliana do original sempre que ela aparece, fornecendo a tradução como nota de pé de página. Traduzi-la diretamente no texto, como foi feito em outras traduções, equivaleria — no meu entender — a apagar uma presença lingüística extremamente saborosa que o autor fez questão de introduzir. Sobretudo no diálogo entre o príncipe Salina e o rei Ferdinando, a mistura das duas línguas por parte do rei constitui um importante dado sociopolítico. Considero, inclusive, que a utilização do siciliano, e do francês em algumas breves passagens, materializa no plano da língua o longo discurso histórico de superposição cultural que o autor especifica através de algumas falas do príncipe Salina, sobretudo em seu quase monólogo com o piemontês Chevalley di Monterzuolo.

Para garantir uma certa unidade, mantive os nomes próprios e os de cidades em italiano, a não ser aqueles com que já estamos familiarizados em português. É por isso que Angelica vem sem acento.

No mais, entreguei minha alma ao Deus dos tradutores e a seus livros sagrados, os dicionários. Por correspondência, recorri a alguns, de siciliano, semi-esquecidos no palácio em Catania dos príncipes Borghese. E descobri, com inegável sobressalto, que o siciliano falado no lado ocidental da ilha não é o mesmo que se fala no lado oriental. Troquei longas cartas com meu tio Veniero Colasanti, cenógrafo e figurinista, antigo colaborador de Visconti, que me contou como, para a cena do almoço ao ar livre na viagem para Donnafugata, Visconti exigiu um serviço de louça antiga autêntica, com brasão, que foi conseguido pela decoradora, Princesa del Drago, pagando uma fortuna de seguro, e que afinal nem aparece no filme porque o único prato que se entrevê está cheio de comida; e como toda a instalação elétrica teve que ser retirada de Palazzo Granci — mais um palácio! — e o piso delicadíssimo protegido com tapetes para a filmagem do baile; e de como os grandes pufes em que, no baile, se aninham as moças faladeiras são os mesmos usados por Visconti em uma sua montagem da *Traviata*, no Festival de Spoleto. E enquanto Lampedusa usou o palácio da família de sua mãe, Tasca di Cutó, em Santa Margherita Belice — destruído pelo terremoto de 1968 — para criar Donnafugata, Visconti usou para o mesmo fim o palácio da sua própria família. Assim, aos palácios verídicos dos antepassados de Lampedusa, aos palácios da memória, aos palácios e jardins fictícios do romance, acrescentaram-se em mim outros palácios, fragmentos verídicos transformados em ficção, numa farândola inesgotável de salões e corredores que como Angela e Trancredi percorri enamorada, presa, durante meses, de encantamento pelos ecos em que a história se construía, e crescia, grandiosa.

Prefácio a *O Gattopardo*,
Editora Record, 2000 (tradução M.C.)

A leitura sempre renovada:
Alice, Pinóquio, Peter Pan

Alice no país das maravilhas, As aventuras de Pinóquio, Peter Pan. Três livros que todo mundo conhece, e dos quais tem-se a impressão de que tudo já foi dito — aqui mesmo em Bogotá, os três foram belamente analisados no ano passado, em um seminário no "taller" de Espantapajaros. Por que, então, meter-me logo com eles?

Porque, quando o convite para falar no Congresso chegou, eu estava acabando de traduzir Pinóquio, estava encharcada de Pinóquio, e Pinóquio me remeteu a Peter Pan, e Peter Pan me fez pensar em Alice. E pareceu-me que trabalhar com os três ao mesmo tempo seria uma boa maneira de mostrar como uma leitura não existe isolada, mas viaja em nós num grande concerto de ecos em que as vozes de tantos autores e tantos livros se entrelaçam e se refletem.

Trabalhar com três obras tão estudadas seria também a maneira melhor de dizer que cada leitura, por mais reveladora, é apenas uma leitura a mais, que há sempre uma outra leitura possível, aberta a outros ecos, e que nenhuma leitura é conclusiva, nem mesmo a do mestre.

Três homens, três começos

Carroll, Barrie, Collodi. Dois ingleses e um italiano. Dois homens da neblina e um do sol. Dois bebedores de chá, um bebedor de vinho. Para os dois, o humor inglês sutil, enviesado, humor destinado a despertar sorrisos, que qualquer coisa mais que um sorriso seria considerada falta de educação. Para o terceiro a paixão italiana pelo melodrama, o transbordamento direto, visando despertar choros e gargalhadas, que menos do que isso seria visto como falta de sentimento. Dois universos quase opostos. Três livros nem tanto.

Quem são esses homens? Serei sintética, já que se trata de velhos conhecidos nossos.

Charles Lutwidge Dodgson, ou Lewis Carroll, como ele próprio se rebatizou, foi criatura sem destaque. Estatura mediana, porte ereto, traços assimétricos, surdo de um ouvido. Filho de pastor, foi ordenado diácono, sem nunca chegar a pastor, impedido em suas pregações pela gagueira que lhe fazia tremer o lábio superior. Lecionou matemática durante toda a vida, no Christ Church, onde havia se formado, e em Oxford. Dizem que suas aulas eram tediosas. Escreveu alguns livros de matemática. Era tímido, metódico e ortodoxo. Amava a fotografia e as menininhas. Cresceu na Inglaterra vitoriana, em plena expansão do Império britânico. Nunca se casou.

Depois dele, por ordem de entrada em cena das obras, Carlo Filippo Lorenzo Giovanni Lorenzini, mais simplesmente Carlo Collodi, nome tomado da cidade de sua mãe. Baixo, precocemente calvo, esmerado no trajar, criou fama de preguiçoso e avesso à disciplina. Também para ele, formação religiosa. Cinco anos de seminário, não por fé, mas por necessidade, escolha determinada pelo patrão do pai, um nobre toscano que financiou seus estudos. Após novos estudos de Retórica e Filosofia, alista-se nas lutas independentistas. Volta a Florença, funda um jornal satírico. No mesmo ano começa sua carreira de funcionário público. Será voluntário mais uma vez, nas guerras que se coroam com o nascimento de uma Itália independente. Sua vida decorrerá toda ela regida por essa dicotomia, de um lado jornalista, revolucionário, crítico irônico, do outro, exemplar funcionário do poder. E entre os dois, o jogo, sua paixão e vício. Ele tampouco se casou.

E por último Sir James Matthew Barrie. Tinha cinco anos de idade quando *Alice no país das maravilhas* foi publicado. Viverá uma época de grandes mudanças, atravessará a Primeira Grande Guerra e a coroação de quatro monarcas ingleses, o que o tornará nostálgico e sem ilusões. Era tão baixo que beirava o grotesco. Sua religião foram as letras, empurrado para elas desde cedo pela mãe. Ainda estudante na universidade de Edimburgo, escreve vários romances, e se torna conhecido ao publicar artigos na *London Gazette*. Aos 31 anos, morando em Londres, é autor famoso. Os romances se multiplicam. Sua imaginação de cunho infantil transita entre o sentimentalismo e o humor. Dedica-se paralelamente à dramaturgia. Casa-se com uma atriz, mas a relação é infeliz, e se divorcia. Depois disso é visto como um velho desiludido, caladão, meio louco, que foge da realidade e suga sonhos de seu inseparável cachimbo.

Nenhum desses três homens, famosos por seus livros infantis, teve filhos.

É na sua gênese que os três livros inicialmente se assemelham. Nenhum dos autores sentou-se para desenvolver uma idéia com o intuito de transformá-la em um livro de peso, muito menos em obra-prima. Partiram os três de narrativas quase casuais.

Sabemos todos como Carroll criou a história de Alice ao sabor da correnteza do Tâmisa, naquela tarde por ele dita dourada mas que a meteorologia garante ter sido úmida, em que ele e seu amigo, o reverendo Robinson Duckworth, levaram as três irmãs Liddell, Lorina Charlotte, Alice Pleasance e Edith, para passear de barco. Não era a primeira vez que passeavam juntos, e todas as vezes Carroll havia contado histórias para elas. O pedido para que contasse mais uma era, portanto, inevitável. O percurso foi de aproximadamente cinco quilômetros, eles pararam para tomar chá na margem do rio, e o passeio só terminou às oito da noite, quando as meninas foram entregues em casa. A história teve um bom tempo para acontecer, e aconteceu toda de uma vez, impulsionada pelas solicitações das meninas, que impediam Carroll de parar cada vez que se dizia cansado.

Collodi estava com 55 anos, acabava de se aposentar do serviço público, quando recebeu do editor do semanário infantil *Giornale per I Bambini*, a encomenda de uma história. Não é uma encomenda disparatada, Collodi já é a essa altura autor infantil de grande sucesso, tradutor dos contos de Charles Perrault e de outros contos franceses dos séculos XVII e XVIII, autor de um best seller escolar, *Giannettino*, desdobrado em várias seqüências, e de outro, *Minuzzolo*. Mas está repousando sobre os louros — não esqueçamos que é preguiçoso — e reluta em atender. Afinal, manda a seu editor e amigo uma pasta com poucas folhas escritas, e uma carta que bem demonstra seu desinteresse: "Te envio essa *bambinata*, pode fazer com ela o que quiser, mas se publicar pague-me bem, para me dar vontade de continuar." Eram os dois primeiros episódios de *A história de uma marionete*. Publicados esses, Collodi escreve o restante da história, indo até a morte de Pinóquio enforcado pela Raposa e o Gato no Carvalho Grande, e põe a palavra Fim. Mas será obrigado a reviver sua marionete quatro meses mais tarde, por exigência dos leitores. Os novos episódios são então publicados sob o título *As aventuras de Pinóquio*, e sofrerão nova parada de cinco meses antes de chegar ao final, dessa vez, feliz.

Em 1902 Barrie publica mais um de seus romances para adultos, *Pequeno pássaro branco*. É ali, embutido em uma trama ao qual é alheio, que surge pela primeira vez *Peter Pan* com sua Terra do Nunca. A história é contada a uma criança pelo próprio narrador, com o intuito de distraí-la, para roubá-la em seguida. É, portanto, uma história para adultos, criada como se fosse para crianças. Dois anos mais tarde, Barrie, associado ao empresário Charles Frohman e à atriz Maud Adams, transforma *Peter Pan* numa fantasia teatral que obtém enorme sucesso. Não existe um texto escrito da peça, mas apenas um roteiro sobre o qual os atores improvisam, e que vai sendo alterado ao longo do tempo. A história de Peter aparece em nova roupagem em 1906, publicada separadamente, com o título *Peter Pan em Kensington Gardens* e belas ilustrações de Arthur Rackham. É um álbum de luxo destinado ao público adulto, em que Peter tem a função soturna de enterrar as crianças que, desrespeitando o regulamento, se atardam no parque.

Como vimos, os três autores entraram de espírito leve nas histórias que transformariam suas vidas. Nenhum aviso interior os alertou quando se depararam com suas personagens. Foram adiante sem grande convicção, a pedidos. Mas logo se deram conta de terem esbarrado com um veio de ouro.

Carroll não havia registrado nenhuma das tantas histórias contadas anteriormente às meninas Liddell. Mas, a pedido insistente de Alice, escreveu à mão num caderno aquela contada na tarde dourada, fazendo acréscimos e ilustrações, na realização de um livro único, que lhe deu de presente. E a reescreveu depois, com novas e cuidadas modificações, para publicação, que aconteceu em 1865, com ilustrações de John Tenniel.

Collodi sentiu o poder de sedução da sua marionete através da reação dos pequenos leitores, antes mesmo de terminar a história. E embora sem perceber, na época, o seu total alcance, um mês após o término da publicação no jornal, as aventuras de Pinóquio eram publicadas em livro, com 36 capítulos.

E Barrie, depois de muito hesitar, decidiu em 1911 escrever sua versão da peça, sob o título *Peter e Wendy*. O texto tinha muitos defeitos, e foi um fracasso. Mas, confiando na sua personagem, ele reescreveu a história por completo quatro anos mais tarde, fazendo cortes e alterações de linguagem. O sucesso alcançado seria definitivo.

O tema por trás das aventuras

Encontraram um veio de ouro, eu disse acima. Que veio é esse?

Resumindo alucinadamente, podemos dizer que *Alice* conta a história de uma menina que cai na toca de um coelho apressado, e encontra um gato sorridente, uma falsa tartaruga, uma duquesa horrenda, um chapeleiro maluco e uma rainha sanguinária, além de muitas outras personagens, e que nesse percurso muda de tamanho numerosas vezes. *Pinóquio* é a história de uma marionete que foge de casa e encontra um grilo falante, um dono de circo que parece um ogro, uma raposa e um gato meliantes, uma fada de cabelos azuis, uma cobra imensa, um tubarão voraz, e que se transforma em burrinho, volta a ser marionete, e acaba tornando-se menino. *Peter Pan* conta a história de um menino que fugiu de casa logo ao nascer, que não quer crescer e vive numa ilha de fantasia, para onde leva Wendy e seus irmãos para enfrentarem, juntamente com os Meninos Perdidos, piratas, índios, feras e sereias.

Aparentemente temos três livros de aventura, e como livros de aventura o leitor os atravessa em pleno deleite. Mas uma leitura mais atenta revela sua mais profunda natureza: são três livros sobre crescimento.

"Será que nunca vou ficar mais velha do que sou agora?", pergunta-se Alice depois de ter bebido a água da garrafinha, para diminuir, de ter comido o bolo, para crescer, de ter jogado fora o leque que a fazia diminuir, e ter bebido da outra garrafinha que a faz crescer "Não deixa de ser um consolo... nunca ficar velha... mas por outro lado... sempre ter lições para estudar! Oh! Eu não ia gostar disso!" Alice vai mudar de tamanho 12 vezes no decorrer da história, e em várias ocasiões vai se perguntar qual é o seu tamanho certo. Como qualquer criança em fase de crescimento, ela perde a noção exata de suas medidas, sente-se pequena demais para fazer certas coisas, é acusada de ser grande demais para fazer outras. O corpo de Alice está em movimento, cresce em alguns lugares mais do que em outros — assim como crescem os seios de uma adolescente — e ela tem, por vezes, dificuldade em acompanhá-lo.

Se Alice não ia gostar de nunca ficar velha — afinal de contas, ela é muito bem-comportada para quebrar regra tão severa quanto a do crescimento —, Peter Pan não suporta o contrário. Ele fugiu de casa no mesmo dia em que nasceu, porque ouviu o pai e a mãe conversando sobre o que ele ia ser quando crescesse. "Eu não quero crescer nunca", explica para Wendy com paixão, "quero ficar sempre criança e me divertir muito." Peter fugiu de casa e foi viver com as fadas, achando que sua mãe deixaria sempre a janela aberta para ele. E depois de muitas luas voltou e "a janela estava com grades, porque minha mãe tinha esquecido de mim completamente, e havia outro menininho dormindo na minha cama". Talvez por isso os sonhos de Peter são muito mais dolorosos do que os dos outros meninos, e ele não consegue se livrar deles durante horas, por mais que o tente desesperadamente. E o narrador diz: "Eram sonhos com o enigma de sua existência, eu acho." O enigma de Peter é que para avançar e regredir dentro da infância, como faz Alice simbolicamente, uma criança precisa da proteção do amor, do amor como âncora e garantia. A janela fechada, com grades, impediu a volta de Peter ao seu espaço de segurança, cortou seus vínculos com o afeto. E Peter se viu desgarrado da realidade, impedido de transitar, para sempre prisioneiro numa única idade.

Ficar eternamente criança não é o que quer Pinóquio. E isso não deixa de ser curioso se lembrarmos que ele nunca foi criança, posto que é marionete. "(...) eu também queria crescer um pouco", diz ele para a Fada. "A senhora não está vendo? Fiquei sempre baixinho." "Mas você não pode crescer", responde ela. "Por quê?" "Porque as marionetes nunca crescem. Nascem marionetes, vivem marionetes e morrem marionetes." A Fada parece — ou finge — ignorar que as marionetes, ao contrário de Pinóquio, não são impulsionadas pelo desejo de crescer, e morrem como nascem porque nenhum desejo as aflora. Mas Pinóquio quer crescer porque os sentimentos humanos que traz dentro de si — a solidão, o medo, a atração pela aventura e a tentação da desobediência — o empurram em direção à humanização, e crescer seria o primeiro sinal exterior de que esta humanização está em curso. A capacidade de desejar é a ponte que permitirá a Pinóquio alcançar seu crescimento.

Crescer ou não crescer não é um dilema limitado à infância, é uma escolha que atravessa toda a nossa vida. Adultos, maduros, até o fim nos confrontamos com a possibilidade de deixar tudo como está ou dar mais um passo à frente, e aprender. É um tema universal. Um tema que, ao que tudo indica, tocava intimamente nossos três autores, Carroll, cujas únicas relações femininas eram menininhas, Collodi inseguro, dividido, que nunca se afastou da mãe, e Barrie, com sua imaginação infantil e sua recusa da realidade.

Cada um a seu modo

Crescimento é modificação. Mas, assim como nenhuma pessoa cresce de forma igual à outra, assim também a modificação se processa em cada um de maneira diversa. E de maneira diversa se processa em nossas personagens.

Alice sofre os percalços do crescimento no sonho, mas sai de sua viagem exatamente como entrou. Era um sonho, acabou, as pálpebras se abrem, a vida é retomada no mesmo ponto em que se fecharam. É de uma lógica absoluta, após a ilogicidade do percurso onírico. E é coerente com o sentimento do autor. Carroll gostava de meninas e só de meninas. Meninas que crescem deixam de ser meninas. O crescimento da sua personagem, duplo da menina que entre tantas ele mais amou na vida — ele próprio escreveu para Alice Liddell depois que ela se casou: "Tive um grande número de amigas crianças desde sua época, mas foram algo completamente diferente" — não era desejável.

Mas, se Alice não podia crescer, Carroll não podia deixar passar em branco a longa viagem no inconsciente que havia tido início na toca do coelho. Opera, então, uma transferência. Alice se levanta e sai correndo, depois de contar à irmã o sonho que acabara de ter. "Mas a irmã continuou sentada... começou de certo modo a sonhar..." E a irmã sonha acordada com as personagens que lhe haviam sido entregues por Alice e "por fim imaginou como seria essa mesma irmãzinha quando, no futuro, fosse uma mulher adulta; e como conservaria, em seus anos maduros, o coração simples e amoroso de sua infância." Imagina ainda como ela reuniria outras crianças para contar-lhes histórias, talvez a do próprio sonho, e como sofreria e se alegraria com os sentimentos delas, relembrando sua própria infância e os dias felizes de verão. Carroll faz, desse modo, uma reflexão sobre o crescimento, mas por interposta pessoa, e projetada num futuro distante. Ainda assim, garante a manutenção do coração infantil de Alice, um coração "simples e amoroso" onde certamente havia lugar para o reverendo Charles Dodgson.

Pinóquio começa a crescer já na primeira página da sua história, quando um pedaço de madeira até então inerte, e igual a qualquer outro pedaço de madeira para acender o fogo, ganha voz e adverte o marceneiro que ergue o machado para desbastá-lo: "Não me bate com muita força!". Duas páginas depois, já tem temperamento próprio e o demonstra, debochando de Gepeto e provocando a briga dele com o marceneiro. E ainda nem tem feições! Nascerá egoísta, curioso, ansioso por independência, como qualquer criança. Mas sem ser uma criança, e sem ter, até sua quase morte pendurado num galho do carvalho, o desejo de sê-lo.

A história de Pinóquio é considerada um *Bildungsroman*, um romance de formação, pois traça o percurso da personagem desde o nascimento até a transformação final, de marionete em menino, não esquecendo os preceitos da educação e a progressiva adequação às exigências sociais. Pinóquio cresce cronologicamente em linha reta, mas tecendo seu avanço interior em ziguezague, cheio de recaídas, como se doesse ao seu criador fazê-lo crescer. Vezes sem conta parece que entendeu a lição dada pela vida, e que vai seguir pelo bom caminho. Mas logo o vemos ceder à tentação e embarafustar por um novo e perigoso desvio.

Parece mesmo mais provável que Collodi não desejasse para sua marionete um percurso final tão certinho quanto o que lhe deu. Não só a havia matado inicialmente, dando a vitória aos malfeitores Raposa e Gato, como ele próprio dizia não se lembrar de ter escrito a frase de encerramento, quando Pinóquio menino, olhando seu antigo corpo de madeira agora sem vida largado contra uma cadeira, exclama: "Como eu era engraçado quando era uma marionete! e como estou contente, agora, de ter me tornado um bom menino!..." Mas não podemos esquecer a duplicidade da vida desse homem, que por um lado buscou a segurança e a tranqüilidade de um emprego público, enquanto do outro se voluntariava em guerras e se arriscava na sátira e no jogo. Assim como o havia feito para si mesmo, Collodi teceu o crescimento de Pinóquio com dois fios sempre entrecruzados, o da independência e o da submissão.

Em *Peter Pan*, a questão do crescimento é trabalhada de duas maneiras. A primeira, através da negação do crescimento da personagem principal. Entretanto, embora Peter repita em várias ocasiões que não quer crescer, para poder brincar e com isso ser sempre feliz, vemos que ele só é feliz em superfície. Não podendo mais se integrar na realidade de qualquer família — ele rechaça a oferta da sra. Darling, mãe de Wendy, que o quer adotar mas que o faria crescer —, está degredado na Terra do Nunca, repetindo, com as mesmas personagens, aventuras que pouco se diferenciam entre si, numa circularidade tão repetitiva quanto a rotina diária de qualquer habitante da realidade.

Para impedir o crescimento de Peter, Barrie viu-se obrigado, consciente ou inconscientemente, a tirar-lhe boa parte da memória. Só no final ficamos sabendo pelo narrador que as novas aventuras expulsam as velhas da sua lembrança, e que o passado tem para ele contornos pouco definidos. Quando, um ano depois que Wendy voltou para casa, Peter vem buscá-la para fazer uma faxina na casinha do alto da árvore, já não se lembra do Capitão Gancho e não tem idéia de quem seja ou tenha sido Sininho. E no ano seguinte, sequer se lembrará de vir buscar Wendy conforme o combinado.

Peter não pode ter memória porque o acúmulo de lembranças é privilégio do envelhecimento. A criança tem pouco a lembrar, uma vez que o processo de armazenamento consciente começa só por volta dos cinco anos. Para que Peter continue criança é necessário, portanto, que apague constantemente aquilo que o sobrecarregaria de recordações, acabando por gerar nele uma experiência incompatível com sua idade.

Nem pode Peter ter memória, porque as crianças não têm um pleno conceito de tempo, passado e futuro ainda não são claros para elas. Vivem no espaço, não vivem no tempo, e nesse espaço o presente é contínuo. Não só Peter vive no presente, como a própria Terra do Nunca, que ele habita, parece sempre ter existido, sem início e sem fim.

Mas, se Peter não pode crescer, é justamente crescimento o que Wendy encontra em sua viagem à Terra do Nunca. Pois uma coisa é brincar de bonecas, e outra é ter um bando de Meninos Perdidos para cuidar. E enquanto João e Miguel partem atraídos pela promessa de aventuras com piratas, Wendy é seduzida pela proposta de ajeitar as cobertas dos Meninos à noite, de cerzir suas roupas e "(...) fazer uns bolsos. Nós nunca tivemos bolsos."

Wendy vai voando até a ilha da fantasia, para ter uma experiência de maternidade, símbolo feminino de vida adulta. Mas decide voltar quando pensa que a sua própria mãe pode já não estar vestindo luto por ela, pode estar fechando a janela. Vivida na fantasia a experiência de ser mãe, está na hora de voltar a ser filha, para completar na realidade, e no devido tempo, o percurso do crescimento.

Três personagens de classe

Se, construindo e desconstruindo o crescimento de suas personagens, os três livros se aproximam, e até mesmo se tangenciam, é no espaço onde esse crescimento se realiza que encontramos uma evidente divergência.

Alice e Wendy usariam as mesmas roupas, não fosse a diferença de época. Mas ambas dormem certamente em camas macias de lençóis imaculados, e imaginamos um cheiro de lavanda em suas gavetas. Mesmo Peter dormiria numa boa cama, se não tivesse fugido tão cedo, pois quando tenta voltar vê, através das grades da janela, que "havia um outro menino dormindo na minha cama".

A casa de Gepeto, pai putativo de Pinóquio, é apenas um quartinho térreo que recebe luz de um vão debaixo de uma escada. Tem "uma cadeira bem ruinzinha, uma cama nada boa e uma mesa em péssimo estado". Na parede do fundo, está pintada uma lareira que abriga um fogo pintado, sobre o qual ferve uma panela também pintada. Não há, nessa casa, nenhuma comida. Pinóquio nasce pobre.

A mãe de Wendy, a sra. Darling, "adorava fazer as coisas como devem ser feitas". E suspeitamos que a mãe de Alice —

que não aparece no livro — fosse parecida com a sra. Liddell, mãe das três meninas e esposa do deão do Christ Church, igualmente cuidadosa com a maneira certa de fazer as coisas. Gepeto, coitado, fazia as coisas como era possível fazê-las, e muitas vezes sequer as fazia, por falta de meios.

O ambiente burguês em que Wendy e Alice florescem revela-se claramente em seu comportamento. Quando o livro começa, Alice, com seu vestido engomado, suas meias brancas e seus sapatinhos de verniz, está avaliando, como alternativa para o tédio, a possibilidade de fazer uma guirlanda de margaridas. Na queda que se segue à sua entrada na toca, tira um pote de geléia de uma das prateleiras, mas o vê vazio e, embora esteja despencando em velocidade vertiginosa, o recoloca educadamente num dos guarda-louças por que passa. Adiante, encontra uma garrafinha com o escrito *Beba-me*, "mas a ajuizada pequena Alice não iria fazer isso *assim*, às pressas". Quando se depara com a Duquesa e lhe dirige a palavra, hesita "um pouco tímida, pois não sabia se era de bom-tom falar em primeiro lugar". E, tomando chá com a Lebre de Março e o Chapeleiro, reclama porque a lebre não foi muito polida ao oferecer-lhe um vinho que não existe, e repreende o Chapeleiro dizendo-lhe que fazer comentários pessoais é muito indelicado. Enfim, Alice é uma menina educadíssima e bem-comportada, segundo os rígidos preceitos da Inglaterra vitoriana em que vê a luz. Seu criador, clérigo e professor de cujas boas maneiras ninguém teria queixas, jamais permitiria o contrário.

A família de Wendy e seus dois irmãos é descrita em tintas irônicas — o humor de Barrie sendo bem mais realista e sentimental que o de Carroll. "O sr. Darling era louco para ficar igual aos vizinhos. Por isso, evidentemente, eles tinham uma babá." Mas, sendo o dinheiro curto, a babá contratada é a cadela Naná. Excelente, uma verdadeira mestra de "etiqueta". Ainda assim, o sr. Darling se preocupa com o que os vizinhos vão dizer, "Afinal, tinha que pensar em sua posição na sociedade." Filha mais velha, Wendy só poderia acompanhar o padrão familiar: "Ela era muito limpa e cuidadosa" e, adiante, "tinha vivido sempre uma vidinha tão caseira". Ela é ajuizada, sabe costurar — capaz até de fazer para si uma roupa de folhas e frutinhas do bosque —, sabe cozinhar, arrumar a casa, cuidar de crianças, e é insuperável na faxina. Enfim, temos uma mulherzinha em miniatura, cópia estereotipada do modelo em uso na época, uma mulherzinha da qual os vizinhos só teriam boas coisas a dizer.

Pinóquio não tem vizinhos, não tem gavetas. Nem roupa tem. Para que possa ir à escola, o pai faz para ele uma roupa de papel florido, um chapeuzinho de miolo de pão, e sapatinhos de casca de árvore. A gente até se surpreende que o pobre velho tivesse pão para fazer o chapéu. Pinóquio cresce na miséria. Ele é, antes de mais nada, um herói pobre, filho de pobre linhagem — quando o titereteiro lhe pergunta o que o pai dele faz, responde: "O pobre."

E porque é pobre tem fome, e porque é pobre tem que lançar mão da esperteza para sobreviver, e porque é pobre se deixa ludibriar, iludido pela esperança de multiplicar as cinco moedas de ouro que ganhou do titereteiro Tragafogo. Tudo nele é determinado pela pobreza, até o nome; na hora de batizá-lo, Gepeto escolhe o nome Pinóquio porque conheceu uma família inteira de Pinóquios, e "todos viviam bem. O mais rico deles pedia esmola."

Pinóquio não é obediente, não é bem-comportado, desconhece a etiqueta, e mente com a maior desfaçatez. Ele é basicamente bom, mas sua curiosidade acaba sendo sempre mais forte que seus bons propósitos, e levando-o para maus caminhos. Salva-se pela extrema vontade de viver, e pela generosidade que cresce à medida que a história avança. Mas lutará até os penúltimos capítulos para não se deixar trancar pelo autor no apertado figurino de menino bem-comportado.

A extrema pobreza está talvez na origem da desobediência de Pinóquio, que tantas vezes rejeita os bons conselhos, e que esmaga o Grilo Falante contra a parede. Desobedecer é uma forma de insurreição, quando se está no último degrau da escada social.

E de pobreza Collodi entendia bem, filho ele próprio de uma família de dez irmãos, onde o dinheiro foi progressivamente faltando à medida que nasciam as crianças. Menino pequeno ainda, foi obrigado pela indigência a deixar os pais e os irmãos, indo viver com os tios maternos naquela Collodi da qual tomaria o nome, e onde mais tarde a própria mãe buscaria refúgio.

A condição social não determina apenas o comportamento das nossas personagens. Molda também os seus desejos. As fantasias de Wendy e seus irmãos são fantasias de meninos que têm tudo e que tomam seus sonhos emprestados dos livros — piratas podiam ser figuras íntimas para meninos ingleses, mas índios peles-vermelhas certamente não passeavam em Kensington Gardens. Alice, súdita de Vitória, sonha com uma rainha autoritária e com a Falsa Tartaruga das sopas burguesas. Mas Pinóquio, que nada tem, sonha com cavalinhos de madeira, briquedos e "estantes cheias de frutas cristalizadas, tortas, panetones, torrones e doces com creme". Suas fantasias são de enriquecimento súbito, comprar um palácio, comprar para o pai — que ficou em mangas de camisa para comprar-lhe a cartilha — um paletó novo de ouro e prata, com botões de brilhantes.

Cultura posta à mesa

Falamos em torrones e doces com creme. Eles não aparecem em Pinóquio por acaso. Entre as diferenças culturais que marcam esses espaços, a relação com a comida é das mais flagrantes.

A Inglaterra, convenhamos, não é país onde a alimentação tenha destaque. Pelo contrário, é notória sua falta de atrativos. Parece apenas justo, portanto, que um autor inglês não se detenha sobre esse item.

Em *Alice*, as poucas comidas citadas não são, de fato, para serem comidas. Aparece em primeiro lugar um pote de geléia, mas está vazio. Depois surgem uns bolinhos, mas servem apenas para Alice mudar de tamanho. Do mesmo modo, um cogumelo. A cozinheira está mexendo uma sopa que tem pimenta demais, a Lebre de Março oferece um vinho que não há, e o Caxinguelê fala de um impossível melado no fundo de um poço. Finalmente Alice toca em comida, ou pelo menos serve-se dela: chá e pão com manteiga. Mas não é dito que a tenha comido. Fala-se em sopa de Tartaruga Falsa que não aparece. E no julgamento no tribunal há uma mesa cheia de tortas que estão ali só como evidências. Ou seja, a comida é acessório, algo para movimentar a história e compor o cenário. Não é vital, não está na origem de nenhum gesto, não custa qualquer esforço. É algo que existe mas que não se comenta, nada que estampe sorrisos no rosto de quem quer que seja.

Em *Peter Pan*, a comida aparece de forma igualmente inexistente. Alguém fala em "dia de pudim de chocolate", mas é apenas a citação de algo que costuma estar na mente das crianças. Um pudim de Natal, que está sendo preparado na cozinha, não se concretiza. É dito que, na Terra do Nunca, Wendy "ficava um tempão inteiramente ocupada com a cozinha... as principais coisas que eles comiam eram fruta-pão grelhada, inhame, coco, leitão assado, mamão, rolinhos de tapioca e bananas, com cabaças de sopa de mandioquinha". Mas vem logo a ressalva: "nunca dava para se ter certeza de que ia ser mesmo uma refeição de verdade ou se ia ser só de faz-de-conta". Menciona-se uma tigela de leite, um jantar é citado. E não se fala mais em comida. Ali também ela não faz parte da felicidade, não excita a imaginação.

Paralelamente à comida desimportante, nos dois livros a fome inexiste. Parece quase lógico que o corpo não exija algo tão pouco desejável. Mas é sem dúvida a abastança — dos autores e das personagens — que afasta esse mal, tradicionalmente íntimo dos pobres.

A questão muda de figura em *Pinóquio*. Bem de acordo com a tradição italiana, a comida pontua as aventuras da marionete, tendo sempre nos calcanhares sua companheira, a fome.

Começamos logo nas primeiras linhas, com o nome do marceneiro, Cereja, e o apelido de Gepeto, *Polentinha*, devido à cor da peruca. O primeiro tem o nariz vermelho porque gosta de um copo de vinho a mais, e o segundo quer fazer uma marionete para ganhar o pão e o vinho da subsistência. Pinóquio há pouco nasceu e já está morrendo de fome. Sai em busca de comida, leva um balde de água na cabeça, volta para casa e encontra um ovo no lixo. Ansioso, enumera as possíveis formas de prepará-lo: uma omelete? Melhor estrelado. Mais saboroso mexido? Ou quente? Mais rápido estrelado. Mas do ovo sai um pintinho que se vai, e a marionete acaba comendo as três peras trazidas pelo pai.

Não vamos enumerar todas as aparições de comida — são mais de vinte — nem todos os tormentos da fome; seria longo demais e entre tantas descrições gastronômicas teríamos que passar por frutas de alabastro pintado, peixinhos vivos, uma carruagem forrada de biscoitos e creme *chantilly*, e um ensopadinho de perdizes, codornas, coelhos, rãs, lagartos e uvas. A comida está por toda parte, tudo se celebra com comida, ainda que seja um simples café com leite e pãezinhos "com manteiga em cima e embaixo". A comida é usada como meio de convencimento e como castigo. E até mesmo parte da redenção de Pinóquio se faz através do seu esforço para obter um copo de leite diário para o pai.

Não se trata aqui, como nos outros dois livros, de uma comida simbólica ou escondida pelos biombos das boas maneiras. Nessa história toscana, de uma gente ainda ligada à terra e de costumes simples, a comida é celebração e sobrevivência, a comida está no cerne da vida.

Esses países das maravilhas

Três grandes espaços mágicos dominam esses livros. São três espaços feitos de jogos e brincadeiras, mas é neles que a história se decide.

A bem dizer, não há em Alice nenhum outro espaço além daquele do País das Maravilhas, salvo as poucas linhas finais dedicadas à reflexão da irmã. Até mesmo as linhas de abertura, em que Alice se demonstra entediada, e que parecem de início pertencer ao mundo da vigília, são, como logo percebemos, o início do sonho. O mundo mágico de Alice é completamente diferente dos outros dois. Ao contrário daqueles, não é um espaço de brincadeiras infantis. É um espaço de jogos para distrair crianças, mas o emissor da brincadeira é visivelmente um adulto.

Uma criança seria incapaz de criar trocadilhos tão elaborados, paródias tão eficazes, enigmas que até hoje se tenta resolver, e não saberia inserir críticas tão pertinentes à sociedade da época. São jogos mentais altamente sofisticados. Mas uma criança, aliás, três crianças bem preparadas pelos estudos e pelo ambiente familiar, treinadas por inúmeras narrativas anteriores, podiam se divertir, e se divertiram, muito com eles.

Alice Liddell, deitada em seu quarto com as irmãs, jamais fabularia mundo tão complexo, em que o *nonsense* fizesse tanto sentido. Mas quando se deparou com ele, à medida que ia sendo construído pela voz de Carroll, percebeu sua força singular. E ela, que nunca antes havia pedido a Carroll para escrever qualquer das histórias que lhe contara, insistiu dessa vez para que ele a pusesse no papel, de modo a guardá-la para sempre.

Para o próprio Carroll, tamanha era a força desse seu mundo onírico que em momento algum daquela longa tarde dourada sentiu a necessidade de fazer sua personagem atuar fora dele.

Diferentes desse são os espaços mágicos dos outros dois livros, que se revelam, porém, irmãos entre si. Ali, rompidos os laços com a realidade e anulada qualquer repressão, impera absoluto o princípio do prazer.

Tanto a Terra do Nunca, quanto O País dos Brinquedos correspondem ao desejo que qualquer criança poderia formular: um lugar sem deveres e sem obrigações, sem pais para impor limites, sem adultos dando ordens, feito exclusivamente para brincar o dia inteiro e um dia depois do outro.

Há uma diferença, porém, naquilo que os dois autores consideram brincadeira.

Para Barrie, o melhor dos jogos são as aventuras, e por aventuras ele não entende descobrimentos ou superações físicas, entende enfrentamentos. É espantosa a violência que campeia na Terra do Nunca. Naquela ilha de sereias e fadas onde a vida poderia ser paradisíaca, tudo o que Peter Pan e seus Meninos Perdidos querem é envolver-se em lutas com os piratas ou com os índios, lutas sanguinárias cheias de feridas e mortes. Claro, podemos pensar que tudo é um faz-de-conta, tudo é verdade e mentira ao mesmo tempo. Mas quando Wendy é atingida por uma flecha, só não morre porque a ponta resvala contra um botão. E antes disso nos é dito que o número de meninos na ilha varia de acordo com quem é morto.

Já o País dos Brinquedos de Collodi parece quase uma descrição do famoso quadro de Breugel, *Jogos infantis*. Habitado somente por meninos, suas ruas ecoam com "uma alegria, uma barulheira, uma algazarra de enlouquecer!". Crianças andam de bicicleta, de cavalinho de madeira, dão cambalhotas ou andam sobre as mãos, brincam por toda parte, de bola, de pique, de bolinhas de gude, de cabra-cega. E em todas as praças há teatrinhos de lona. A grande aventura desse país é estar livre para brincar.

Comum aos três universos fantásticos, assim como é comum aos desejos de qualquer criança, a ausência de escolas.

No sonho de Alice, a bem dizer, nem caberia escola. Alice não mora no seu sonho. Ela apenas o atravessa, embora nessa travessia acabe recebendo mais ordens do que gostaria. "Como as criaturas dão ordens à gente e nos fazem decorar lições!", pensa Alice quando o Grifo manda que ela recite *Esta é a voz do preguiçoso*. E continua seu pensamento: "É como se eu estivesse na escola nesse momento." Mas é apenas uma menção, uma crítica, uma lembrança. Não é uma presença.

Já Barrie e Collodi não usam meias-tintas. Peter Pan não sabe nem ler nem escrever, "nem mesmo uma palavrinha pequenina". É o único iletrado entre os meninos da ilha, mas presume-se — porque não é explicado — que os outros já tenham chegado alfabetizados. E Wendy, embora tão mãezona, sequer tenta ensinar para ele. Peter, nos diz o narrador, "estava acima desse tipo de coisas".

Pinóquio, que já nasce meio grandote mas tão analfabeto quanto um bebê, demonstra-se desde o princípio avesso a escolas e estudo. E quando, bem mais adiante, reluta em partir com seu amigo Pavio para o País dos Brinquedos, cede ao ouvir do outro a garantia de que naquele país não há escolas, não há professores, não é preciso estudar e as férias começam no primeiro dia de aula. "Que lindo país!", exclama Pinóquio. "Que lindo país! Eu nunca estive lá, mas posso imaginar!"

Pinóquio só consegue imaginar a metade. Não imagina que aquele país lindo foi inventado por um adulto, e que um adulto consciente não pode permitir aos meninos, mesmo aos de madeira, o eterno brincar coroado de ignorância. Teria Pinóquio desistido da viagem se soubesse que o preço de tanta diversão era transformar-se em burrinho? É uma pergunta difícil de responder porque Pinóquio, como toda criança, vive no presente, e a conta haverá de ser cobrada num futuro para ele distante e improvável.

Também Peter tem um preço a pagar por sua vida de aventuras sem estudo. A conta já lhe foi apresentada, embora de forma bem menos explícita que a de Pinóquio. Barrie a disfarçou entre um rasante sobre o lago das sereias e um vôo até as janelas de casas onde meninos dormem acalentados por suas mães. O preço é alto. Peter não pode mais voltar. Ele diz que não quer. Mas se de fato não quisesse, se não quisesse de forma alguma, por que razão se deslocaria tanto, deixando seu mundo encantado para postar-se atrás de vidros em noites de frio, espiando um afeto que não é para ele? Ao escolher a Terra do Nunca, Peter foi trancado fora da sociedade. E esse nome, Terra do Nunca, pode ser lido também como Terra do Nunca Mais.

O Mal à espreita

Encantados, maravilhosos, ainda assim esses três países têm seu lado escuro.

No reino além da toca do coelho, uma rainha sanguinária exerce seu poder e libera sua fúria mandando cortar a cabeça de qualquer súdito, por qualquer motivo. Ela não mata pessoalmente — não seria de bom-tom para uma rainha — e nem mesmo verifica se suas ordens foram cumpridas. Mas mantém todo o reino em alerta, submisso e acovardado. Assim, pelo medo, atua o poder autoritário.

O Capitão Gancho representa o mal na ilha de Peter. É "o único sujeito no mundo de quem até o diabo tem medo".

Embora preocupado com a elegância, trata seus comandados como cães, rasga qualquer um com seu gancho, e é capaz de obrigar crianças a andar sobre a prancha rumo ao afogamento. Morre no fim do livro. Mas alguém duvida que outro Capitão perverso tomará o seu lugar, aterrorizando a ilha e desafiando Peter?

Nenhuma dessas personificações do mal, porém, é tão sinistra quanto "o homenzinho macio e untuoso como uma bola de manteiga," cocheiro daquela carroça puxada por 12 parelhas de burrinhos, na qual Pinóquio embarca rumo ao País dos Brinquedos. Com seu rostinho rosado de maçã, sua boquinha que ri sempre e "uma voz fina e envolvente, como a de um gato que quer conquistar o bom coração da dona da casa", ele viaja à noite recolhendo meninos que não querem estudar. E cantarolando os leva à destinação. Só tornará a aparecer depois de eles virarem burrinhos, quando então, desaparecida qualquer delicadeza, os levará para serem vendidos por bom preço no mercado.

Assim como todo paraíso guarda sua serpente, também os reinos encantados precisam de um poço de sombra para equilibrar a luz.

Três olhares sobre a mulher

Diferenciada nos três livros é a figura da mulher.

Carroll, já foi dito e é mais do que sabido, não teve em sua vida nenhuma atração por mulher adulta. Sempre se encantou com menininhas, que se esmerava em encontrar em trens e viagens ao litoral. Para conquistar seu interesse, carregava um saco preto com quebra-cabeças e outras pequenas atrações. Tudo muito casto, mas tudo circunscrito à infância. Esse homem, a quem a religião e as boas maneiras salvaram de ser pedófilo, castigou aquelas que haviam tido a péssima idéia de crescer, escrevendo um livro que poderia se chamar *Alice no país das mulheres horrendas*.

Alice se depara com uma cozinheira maluca e incompetente, que põe pimenta demais na sopa, e depois atira contra um bebê e a Duquesa tudo o que encontra. A Duquesa é descrita por Carroll como "muito feia" e com um queixo pontudo. Mas na ilustração de Tenniel ela é mais que feia, presumivelmente inspirada num retrato atribuído ao pintor flamengo Quentin Matsys de uma duquesa do século XIV, Margaret da Caríntia e do Tirol, considerada a mulher mais feia da história. Sabendo que Tenniel trabalhou intimamente ligado a Carroll e sob instruções deste, podemos deduzir que o autor queria que essa segunda mulher fosse feíssima. Depois da feiúra, a violência; a Rainha de Copas não é descrita fisicamente, diz-se apenas que usa óculos, mas sua voz é "esganiçada", ela fica "rubra de fúria", "fuzila com os olhos" como "uma fera selvagem", urra, e grita o tempo todo "Cortem-lhe a cabeça!". Ela não precisa ser feia, ela é medonha, e tinge de negro o coração do seu naipe.

Barrie é sem dúvida mais gentil com as mulheres. Mas de uma gentileza bem mais perigosa. Pois enquanto em Carroll a caricatura farsesca participa do jogo de *nonsense* que rege o livro, encaixando-se claramente num universo de fantasia, em Barrie a aderência estereotipada aos modelos da época confunde-se com a realidade.

Temos primeiramente a sra. Darling. O nome já diz tudo. Como símbolo de mãe ela é doce, amorosamente prepotente em relação a seus filhos, "toda noite as boas mães costumam dar uma bela arrumação por dentro da cabeça dos filhos depois que eles vão dormir", e inefável. Como toda mãe, guarda um segredo em seu sorriso e em seus beijos, segredo que é mantido em suspenso mas que o leitor suspeita tenha algo a ver com sexualidade — Peter ganha um desses beijos cheios de magia, mas Peter não é filho; e nem o Pai tem direito a eles, porque numa família de bons modos a sexualidade não era coisa que uma mãe de família exercesse com o marido ou com qualquer outro homem, era apenas seu potencial indispensável.

E temos em seguida Wendy e Sininho. Ali a coisa se agrava. O autor, querendo completar a aura de sedução com que envolveu seu herói Peter, precisava de um romance. Mas, ao desenhar Wendy como bem-comportada aprendiz de mãe, cortou-lhe o caminho para o amor e para qualquer insinuação sexual. Não cabe a uma mãe — e Wendy estava na ilha justamente para representar o papel de mãe dos Meninos Perdidos — perder-se em suspiros românticos. Barrie, então, opera a velha divisão santa/prostituta, e cria Sininho. A fada é logo descrita com roupa "transparente e fininha" curta, "que realçava bem a figurinha dela, meio cheinha de corpo". Enfim, uma fada gostosa. E ela vai passar o tempo todo dando demonstrações de amor a Peter — que, como bom herói, nem as percebe — e hostilizando Wendy, numa luta unilateral de ciúmes.

Barrie certamente não foi ouvido atento às vozes das feministas, e sobretudo das feministas inglesas, que já se erguiam numerosas quando do seu nascimento, e que se intensificariam no século seguinte. Preferiu ater-se a um tipo de mulher mais estratificado, provavelmente o que lhe era mais familiar, e sem dúvida aquele com que o público teria facilidade de identificação, e que seria aceito nas escolas.

Collodi, já dissemos, nunca se casou. Nunca se afastou da mãe, a não ser para lutar pela mãe pátria, e foi um filho exemplar. Só uma mulher aparece nas *Aventuras de Pinóquio*. A fada. E para que ela seja de fato única distinguem-na os cabelos azuis. Nem no País dos Brinquedos há garotas. No livro todo, uma só mulher, e exemplar. Começa como menina, mas está morta, quase a significar que a categoria é de curta duração e que deve mesmo morrer para dar lugar à outra. Logo ela cresce, e afirma seu poder amoroso à medida que avança em graduação de parentesco: a princípio se diz irmã, depois se autodenomina mãe. E como mãe é onipresente, protetora, amorosa e punidora. Castiga com violência e crueldade surpreendentes, mas só para que seu querido filho aprenda e se eduque. Seu papel de mãe se concretiza ao final quando, transformando a marionete em menino, realiza seu verdadeiro nascimento. Só o amor protetor de uma mãe é capaz de transformar em homem aquele que nasce ainda indefinido. E nenhuma mulher interessa, além daquela detentora de tamanho poder. Essa é a mensagem de Collodi a respeito das mulheres, e é de se crer que sua mãe a tenha devidamente apreciado.

Para encerrar, uma última aproximação

Eu poderia, aqui também, incluir Alice, só para manter a regularidade dessa apresentação. Mas quero aproveitar esse finzinho de tempo para me deter apenas sobre um ponto específico dos outros dois livros, um ponto que me parece importante.

Peter Pan e Pinóquio são freqüentemente considerados personagens paralelos, talvez pela intensidade com que a questão do crescimento é tratada nos dois livros.

Mas há entre os dois uma diferença crucial. Pois, enquanto Peter Pan é um menino perdido, Pinóquio é um menino achado. Um menino achado dentro de um pedaço de madeira, assim como Moisés foi achado numa cestinha no rio, um menino achado dentro de um corpo de marionete e, sobretudo, um menino achado e progressivamente construído a partir de um gritante desejo de ser.

Enquanto Peter é personagem feito todo de negação e de egoísmo, que debruçado sobre si mesmo como um Narciso está impossibilitado de avançar, Pinóquio se lança para a frente num movimento contínuo, e à custa dos seus próprios erros e do seu sofrimento aprende, pouco a pouco, a comandar os seus impulsos. Peter Pan está imóvel em suas aventuras. Pinóquio avança em constante construção.

Dessa marionete exemplar que puxa seus próprios fios, podemos dizer, afinal, que o que menos interessa é o que mais o tornou famoso: o crescer denunciador do nariz. Não à toa, bem antes da metade do livro, o autor mandou pela boca da Fada que mais de mil pica-paus bicassem aquele nariz até reduzi-lo a tamanho normal. E a partir dali, praticamente desinteressou-se dele.

V Congreso Colombiano de Lectura,
Bogotá, Colômbia, 2002.

Duas frases para muita manga

Duas frases em que esbarrei recentemente estão na minha cabeça pedindo passagem.

A primeira é um *slogan*. A segunda é um título.

Uma não tem parentesco direto com a outra. Foram concebidas sem qualquer correlação. Seus caminhos, porém, acabam conduzindo ao mesmo ponto. Elas são complementares.

Comecemos pelo *slogan*: "Da leitura à literatura". É a frase porta-estandarte da editora francesa Folio Junior. *Slogan* para publicitário nenhum botar defeito, claro, objetivo, animador. Com justas e econômicas palavras, põe em foco aquilo que vem sendo dito, ou semidito, de variadas formas menos precisas e mais prolixas. Ou seja, que se deve começar fornecendo leitura às crianças, leitura apenas, coisa escrita ou não somente escrita mas amplamente ilustrada, para que adquiram o hábito de ler, hábito cuja posse os transformará adiante em leitores plenos, com L então maiúsculo, prontos a enfrentar a literatura.

Eu deveria agora entrar num desvio teórico, tecer considerações sobre o que é leitura, traçar historicamente as modificações do conceito. Seria preciso voltarmos aos anos 60, prestar vassalagem a Saussure e à radiosa aurora da semiologia, retomar Barthes com suas afirmações de que tudo é texto, não esquecer Eco e o valor/leitura das histórias em quadrinhos. E terminar, com disfarçada ponta de pânico, lembrando o atestado de óbito com que McLuhan deu por encerrada a era Gutenberg, assassinada pela idade eletrônica. Mas essa conversa é longa, todos já a ouvimos várias vezes, e me parece que podemos dispensá-la.

Vamos então "ler" o *slogan* que, como todo texto, nos oferece bem mais do que simplesmente o que traz escrito.

Com apenas quatro palavras, a frase "da leitura à literatura" traça um percurso bem delineado. Percurso no qual a literatura não é ponto de partida mas tão-somente ponto de chegada.

Literatura, então, não seria para leitor iniciante, mas deveria ser deixada para um estágio posterior, fase avançada. A ela se chegaria progressivamente, fortalecendo dia a dia a capacidade de assimilação através de preparo, treino, que como todo treino deverá ser realizado utilizando-se elementos mais simples ou mais fáceis — pois não é com pequenos halteres que o halterofilista começa, para depois, já musculado, levantar os grandes pesos? E não é com montanholas que o jovem alpinista se prepara para o Everest?

O produto mais fácil, com que devemos treinar nossos futuros ratos de biblioteca, nos diz o *slogan*, é a leitura.

E ao dizer que um bom treino é necessário para chegar à literatura, o *slogan* está nos dizendo também, implicitamente, que literatura é difícil.

E que, porque é difícil, pode, e deve, ser deixada para depois. Mas, quanto depois? Uma vez que o *slogan* não estabelece o tempo que convém deixar passar entre uma fase e outra, e presumindo-se que seja aquele, imprevisível, do estabelecimento do hábito — ou gosto, como preferem chamá-lo alguns em busca de palavras que contenham o indispensável elo com o prazer, em substituição ao ranço rotineiro que recheia a palavra hábito —, o jovem leitor está plenamente autorizado a adiar ao infinito seu ingresso na literatura; coisa, aliás, que o próprio recado inicial de dificuldade contido no *slogan* o autoriza a fazer.

Disse jovem leitor, mas é certo incluir-se nisso qualquer pessoa, professor/a, bibliotecário/a, pai/mãe ou mentor/a que esteja orientando jovens na leitura de acordo com o método preconizado pelo *slogan* em questão. Uma vez que um *slogan* não sai apenas da cabeça do publicitário, mas deve sua eficácia exatamente ao fato de explicitar pensamentos que perpassam a sociedade, podemos considerar numerosos tais assessores do leitor.

Nem se esgotam aí os recados do *slogan*. Não satisfeito em dizer-nos que a literatura é difícil, nos diz também que é aborrecida.

O ser humano não adia voluntariamente aquilo de que gosta — a não ser a sobremesa. Colocar a literatura em segundo lugar equivale a localizá-la muito claramente na escala do prazer. Equivale a dizer que a leitura é mais prazerosa, mais divertida que a literatura. Ou, pelo menos, mais palatável. Leitura dá mais vontade de começar.

Em se tratando do *slogan* de uma editora, temos aí, mais do que apenas um recado publicitário, uma filosofia editorial.

E o que isso tudo acaba significando, em última análise? Lá está ele, aparecendo tão visível por trás das palavras, o velho preconceito cansado de guerra: literatura espanta. Entregue uma obra literária a um leitor iniciante e estará pondo a perder, para sempre, qualquer eventual simpatia que ele pudesse ter pelos livros.

A mesmice não corre riscos

Para que serve um *slogan*? Para vender uma idéia, para vender um produto, para vender uma idéia que acaba vendendo produtos. Enfim, para vender.

O *slogan* em questão, dissemos desde o início, é eficientíssimo. Colocando a leitura em primeiro lugar, ele a prioriza. E, priorizando, a justifica.

Não me entendam mal. Sei perfeitamente que leitura não necessita de justificativas. É um bem em si. Em um mundo alfabetizado, torna-se, cada dia mais, chave de sobrevivência. Mas aqui não se trata da leitura do cotidiano, da leitura de sinais. Trata-se da leitura de livros. Livros que a editora quer vender.

O problema é: que livros são esses.

Uma parte, álbuns de histórias em quadrinhos, tradicionalmente muito consumidos no mercado francês. Outra parte, livros de imagens para os bem pequenos. Mas, na maior parte, livros escritos com pouco carinho e muita pressa, ou até mesmo com muito carinho e pouca criatividade. Livros que, embora sendo prevalentemente de texto, embora narrando histórias, não são literatura.

Aqui, outra vez, caberia bem uma digressão teórica, cravando o conceito de literatura. Mas ficaria longuíssima, porque teria que enveredar pelo temível labirinto da estética, e ao final daríamos de cara com a necessidade de definir arte. Vamos então simplificar, e combinar que ao falar de literatura estamos nos referindo àqueles livros que, por suas qualidades de forma e conteúdo, saem da faixa do puro *divertissement*, estabelecendo com o leitor um diálogo vertical, estimulando sua razão e penetrando no seu inconsciente.

Essas qualidades são raras. Os bons escritores para a juventude não são tantos. Pelo menos, não tantos quantos requereria o mercado de livros, um mercado cada dia mais voraz, cada dia mais vertiginoso no lançamento de novos títulos. Esse mercado, a exemplo do mercado para adultos, não pode se alimentar exclusivamente, nem prevalentemente, de literatura. Necessita de excipiente. Isso não é negativo, por si só, nem é novidade. Sempre houve livros que eram apenas livros. Eu própria, quando criança, li muitos. Gostei. E não saberia, hoje, contar a história de nenhum deles.

A novidade é a quantidade somada à velocidade, que só pode ser alimentada através do sacrifício crescente da qualidade.

A novidade é promover a leitura, que sempre foi coadjuvante, a protagonista.

Para sustentar esse rodamoinho de novidades, contamos hoje com técnicas moderníssimas. Já não basta o faro do editor para selecionar as obras oferecidas pelos escritores. Exige-se precisão, a fim de atingir o alvo, e vender mais e mais. Enquetes e pesquisas constantemente realizadas junto ao público dos jovens consumidores dizem então ao editor o que eles desejam. Seu querer é transmitido à grande máquina, e velozmente escritores, ilustradores, artistas gráficos desovam o produto desejado.

Bem diferente é o discurso dos autores. Em mesa-redonda de escritores infanto-juvenis realizada em Madri em 2001, em que já se havia comentado o conservadorismo das crianças, que preferem heróis a heroínas e finais sangrentos a finais em aberto, Ana Rosetti arrematou: "Não podemos escrever o ditado das crianças."

Mas os autores são só a fonte, não são as turbinas dessa enorme engrenagem, e as turbinas preferem que não se corra o grave risco de produzir o inesperado, de surpreender, de inovar. A mesmice bem encapada, muito bem encapada sobretudo, em edições maleáveis e agradáveis, concebidas para caberem nas mãos ou nos bolsos dos meninos, vive da repetição. Fórmulas narrativas já comprovadas tranqüilizam o mercado, tranqüilizam os pais, tranqüilizam educadores mais desavisados. O que deu certo uma vez dará certo vezes sem conta. Até ceder o passo a nova fórmula ditada pelas enquetes.

Recentemente um autor amigo meu, bom autor, me dizia da sua desdita, pois, após finalizar uma novela policial para jovens na qual vinha trabalhando há vários anos, constatou que o gênero policial não era o que os editores buscavam no momento, havia "saído da moda".

Para avalizar tudo isso, nada melhor do que colocá-lo sob a bandeira da grande cruzada: fazer jovens leitores.

O hábito faz mesmo o monge?

Não acredito que seja o hábito que faz o leitor. E sim, o leitor que, por paixão, estabelece o hábito. Conseqüentemente, não vejo razão pela qual a leitura seria mais propícia que a literatura para o seu estabelecimento.

Se uma criança pega um livro apenas para se distrair, ou até mesmo para agradar a alguém, e com esse livro se distrai, sim, mas sem maiores diálogos ou sobressaltos da alma, pode ser que pegue outro e com ele igualmente se distraia, pode ser que pegue um terceiro, e um quarto. É até provável que, se está lendo livros de uma mesma coleção, continue lendo-os e pedindo-os até esgotar a coleção — exatamente como querem os editores.

Mas com isso não terá estabelecido exatamente um hábito de leitura, e sim uma consuetude. Nada nos garante que essa criança que não se emocionou verdadeiramente ao ler, que não aprendeu com o livro nada sobre si, que não estabeleceu a relação inconsciente entre leitura e vivência, tenha se tornado leitora. Usar os livros tão-somente para se distrair, como se usam piões ou bolinhas de gude — e menos ainda, porque sabemos dos elementos profundos que uma criança empenha nos jogos, e da importância do jogo para os seres humanos —, conduz, mais provavelmente, ao abandono dos livros quando a vida passa a oferecer distrações mais intensas.

Interrogue-se um leitor adulto sobre o que foi que despertou sua paixão pela leitura. No começo do longo percurso dificilmente encontraremos banalidades, mas sim um livro ou um autor que, impondo a força da sua emoção, abriu caminho para todos os outros.

Os fantasmas não apareceram ontem

E vamos à segunda frase, "*La tendence est au frisson*", título de um artigo da revista francesa *Lire*, assinado por Laurence Liban. O artigo é corretíssimo. Mas o que me interessa é o título.

Reparo primeiramente na utilização da palavra *tendência*, em vez da palavra *moda*. A palavra *moda* está fora de moda. O que temos agora são tendências, mais abertas à pluralidade. Isso, quando não se usa o singular, como no caso acima "a tendência é", bem mais categórico.

O arrepio, então, está na moda. Entenda-se por arrepio fantasmas, vampiros, mortos vivos, casas mal-assombradas, múmias persecutórias, assassinos seriais.

Está na moda?! Não consigo me lembrar de um tempo em que não estivesse, talvez não na moda, que moda é um fenômeno bem mais recente que o terror, mas entre as preferências da narrativa. A narrativa do sobrenatural é antiga como o ser humano, nós a encontramos nos mitos, nas mais seculares tradições orais. Quanto a textos escritos, na nossa cultura latina, a primeira história de fantasma data do século I.

O arrepio — não ouso chamar isso de literatura fantástica, embora dela se aproxime — não está na moda. Está, isso sim, entronizado pelos editores como produto *top* do momento, no grande circuito globalizante do mercado do livro. Eu tenho visto coleções "arrepiantes" idênticas ou similares expostas com grande visibilidade, em estantes especiais, em primeiríssimo plano, nas feiras e bienais de todos os países por onde tenho andado, nos dois hemisférios. É o chamariz da vez.

O medo sempre atraiu as crianças. Não só nos contos de fadas. Sempre houve avós, babás, mães pretas e brancas que com suas histórias narradas ao pé de uma fogueira, ou à beira de uma cama, povoaram de fantasmas nossos quartos e abriram nossas sombras para o além. Medo e prazer, eis a fórmula com que essas histórias possuem o coração dos pequenos.

Dialogar com o medo atrai, porque é necessário. Porque a criança é frágil e ameaçada, porque tem medo do escuro, da solidão, do abandono, dos predadores, do desconhecido e da morte, precisa dialogar com o medo, interagir com ele no imaginário, fora do alto risco da realidade. Viver o medo através de um livro é o modo melhor para uma criança enfrentar o perigo mantendo os pezinhos bem aquecidos. Nós sabemos disso. Os editores sabem disso.

O medo, porém, não é um produto tão fácil de se obter quanto se gostaria. Para ter medo de fato é preciso que a narrativa nos leve até ele, passo a passo, ineludivelmente, mantendo nosso fôlego suspenso pela emoção do que vai acontecer e que desconhecemos. O imprevisível habita o medo. O desconhecido é sua casa. E o símbolo é sua voz.

O medo causado por histórias repetitivas, previsíveis, pobres é um medo de mentirinha. As turmas caçadoras de vampiros, os amiguinhos detetives que deslindam o mistério do cachorro desaparecido, o menino veranista que descobre na casa mal-assombrada o covil dos contrabandistas — e cito a esmo — são tão iguais entre si, tão cheios de clones espalhados em coleções quase idênticas, que o medo, o medo de verdade, é impossível. Tudo se torna uma ação entre amigos, em que o livro propõe uma contrafação, e a criança entra no jogo sorridente e despreocupada como vestiria uma velha fantasia. "O mistério criado como um fim em si mesmo", escreveu André Breton, "introduzido voluntariamente, à força, tanto na arte como na vida, acaba sendo um prêmio derrisório, e se constitui na confissão de uma fraqueza, de uma falha."

A falha, evidentemente, não é do leitor. O medo de faz-de-conta logo se esvai. A criança procura inutilmente aprofundar em outro livro semelhante aquilo com que apenas lhe acenam, e de que tanto necessita. O movimento das vendas está garantido. Perdeu-se, porém, a função do medo.

Medo eu tive dos coelhos vestidos de negro que iam buscar Pinóquio para a morte, em seu leito de doente. Medo senti perdida na floresta com João e Maria, trancada com eles na jaula onde a velha bruxa vinha apalpar-nos o dedo para ver se engordávamos. Que leitor não teve medo com as crianças de Dickens tão constantemente ameaçadas? Quem não estremeceu de pavor de Frankenstein? E que medo maravilhoso e inesquecível tive adiante, lendo Poe, a cabeça que rolava, perdida na aposta contra o Diabo, o coração que batia enterrado debaixo do assoalho. Em cada escada mais sombria, em cada corredor escuro, atrás de portas e cortinados, personagens e histórias me espeitavam. Mas como eu gostava deles! E quando fui jovem adulta, e a vida me ofereceu seus medos tantos, seus graves arrepios, não me encontrou principiante. O mundo interior já havia estabelecido sua relação com o mundo da realidade, o diálogo era possível.

Mas o medo, naquele tempo, ainda não era uma tendência.

Tela e telinha não são páginas

Uma das razões alegadas para a suposta tendência dos livros de terror seria a influência da televisão e do cinema, que com seus efeitos especiais e seus recursos técnicos teriam dado um salto para a frente na escalada do medo, viciando as crianças em sangue e túmulos abertos.

Quando minha filha, então pré-adolescente, assistia aos filmes do terrível Freddy Krueger, eu me surpreendia de vê-la rindo. Era uma época em que ela vivia grudada na TV, nos filmes chamados "da meia-noite", filmes de terror série B. Não sei se todos os meninos reagiam da mesma forma, mas ela se divertia mais do que se assustava, olhava o terror com total deboche, como se estivesse vendo comédia. Imagino que esses filmes tivessem uma função qualquer, posto que ela não perdia um. Mas, em se tratando de diálogo com o medo, este era sem dúvida tangencial, e bem mais esbatido do que teria sido através de um bom livro.

A palavra do espanto — escrita ou oral — permite ao imaginário construir imagens individuais, sob medida, espelho fiel do próprio espanto interior. Essa é a sua força. Já o espanto visualizado, no cinema ou na TV, oferece imagens prontas, acabadas, às quais temos que nos adequar, e que nem sempre encontram o justo eco em nosso inconsciente.

Além disso, sabedores de que se trata de uma falsificação, não encontramos nelas o elemento primordial da narrativa fantástica, que é o jogo dialético entre aceitar e não aceitar o inacreditável. Sob nosso olhar vigilante, o filme de terror está sempre a um passo do desmascaramento, da revelação do truque, quando então se estabeleceria o ridículo. Os tão decantados efeitos especiais seduzem o espectador exatamente porque ele sabe que são "efeitos", porque admira a capacidade técnica que os criou. Não existe entrega diante dos efeitos especiais, embora possa existir encantamento. E é na entrega que está o pulo do gato das narrativas de terror.

Ao contrário, o bom filme de terror, como por exemplo *O bebê de Rosemary*, que mais insinua do que mostra, que não dá a ver, mas leva o espectador a deduzir, esse, sim, se aproxima do medo desejado.

Certo, literatura também não é realidade. Mas ela não pretende ser nada além dela mesma, não se esforça para comprovar o que diz. Ao contar uma história, sobretudo uma história fantástica ou maravilhosa, o narrador apenas narra, sem garantir que aquilo tenha acontecido, mas cuidando de fundir o possível com o impossível, de modo a manter o tênue equilíbrio da verossimilhança, e permitir que o leitor estabeleça a seu próprio critério os limites entre o real e o irreal. Ninguém empurra o leitor para fazê-lo entrar no jogo.

Não vamos aqui perder muito tempo com o terrorzinho insignificante das séries animadas da TV, que repetem ao infinito histórias sempre semelhantes, e nas quais a técnica moderna de redução de custos através da redução da animação transformou "heróis" e "vilões" em bonecos de rostos sem expressão em que só a boca se move. Mas é grave que, pelo fato de as crianças se sentarem diante da TV durante horas, seguirem os seriados e comprarem os subprodutos que eles geram, os agentes do mercado se sintam autorizados a deduzir — porque é o que lhes interessa — que as crianças gostam do gênero e da forma, que é isso o que elas querem. Interessante seria verificar quantas horas as mesmas crianças ficariam diante de animações de boa qualidade.

Tomemos como exemplo uma série da última geração de animação japonesa, *Vampire Hunters*, que acaba de surgir precedida por farta movimentação de *marketing*. Conta a história, ou as histórias, de um caçador de vampiros, Donovan, e de uma menina dotada de estranhos poderes, Anita, em luta contra os *darkstalkers*, seres apavorantes que vivem nas trevas. Algo que já não tenhamos ouvido *ad nauseam*? Alguém duvida que as personagens boazinhas tenham aqueles lindos olhos enormes das animações japonesas, e que Donavan seja de uma idade incerta, capaz de permitir a identificação tanto de crianças quanto de adolescentes?

Pois é nesse tipo de seriado que a nova literatura de terror para crianças se inspira. A filosofia editorial é evidente.

Como se fossem produtos para a TV, os livros que pretendem "apavorar" devem ter abundância de diálogos, enredo simples e estrutura clara, para poderem ser lidos rapidamente. Essa é a fórmula passada aos autores. Seria a velocidade da leitura essencial para espantar o tédio? Para criar o hábito? Ou para promover a velocidade de uma nova compra?

Leitura é isso. E não teria nada de inquietante, não fosse ela a estrela das buscas editoriais, aquela com que o mercado conta em primeiro lugar para sempre aumentar seu movimento.

Literatura também se edita. Com prazer editorial, certamente, mas não como gênero de primeira necessidade. É algo que, apesar de dar categoria, vem em segundo lugar, na ordem exata do *slogan*, daquele *slogan* que deu origem a essa conversa.

Resta-nos a consolação de saber que a literatura, apesar das filosofias editoriais, apesar da voracidade do mercado, apesar da mediocridade institucionalizada, mantém intacta a sua força. A revista alemã *Der Spiegel* publica há 36 anos a lista de best sellers mais influente do país. Recentemente, em edição especial de aniversário, apresentou uma lista de best sellers dos best sellers, ou seja, os 15 livros de ficção que, desde 1961, lideraram por mais tempo a lista. O vencedor de todos os vencedores, sem distinção entre literatura infantil e adulta, foi Michael Ende. Com seu *A história interminável*, Ende manteve-se durante 113 semanas em primeiro lugar na lista. E na preferência dos leitores.

Revista Latinoamericana de Literatura Infantil y Juvenil,
Bogotá, Colômbia, 1998.

Lendo na casa da guerra

Em fevereiro deste ano, na explosão de uma bomba terrorista que destruiu o clube El Nogal, em Bogotá, uma menina morreu. Chamava-se Mariana. Tinha quatro anos.

Crianças morrem todos os dias no mundo inteiro, vítimas das tantas guerras em curso. De uma maneira perversa, a vida nos acostumou a isso. Mas quando os ataques se aproximam e são nossas crianças as que tombam, a consuetude se despedaça, devolvendo ao horror a sua justa dimensão. Então nós que trabalhamos com leitura nos perguntamos qual o peso das palavras, de que valem os livros e como podem as histórias ajudar os pequenos a conviver com o medo e com a vizinhança da morte.

Mariana não era uma criança das minhas relações. Chegou a mim na tela do computador, quando já não me seria possível conhecê-la. Estudava na escola Vueltacanela, de duas queridas amigas minhas bogotanas. E havia sido pequeníssima aluna de literatura de Yolanda Reyes, escritora-irmã que em seu *taller* Espantapajaros leva os muito pequenos, pela mão, para dentro dos livros. Com a sua morte, as duas diretoras pediram a Yolanda que lhes indicasse livros capazes de consolar e tranqüilizar as crianças da escola. E, através da correspondência dessas três adultas, Mariana desceu a montanha e veio aportar no Rio de Janeiro.

"Nas guerras dos contos", escreveu Yolanda, declarando-se esmagada pela tarefa, "as crianças costumam ser testemunhas: olham pela janela, ou até, às vezes, inventam alguma solução salvadora, mas nunca são os mortos. O mesmo acontece com as histórias que tratam da morte de seres queridos: em geral, falam de avós ou animais de estimação que se vão devagarinho porque sabem que são velhos e que chegou sua hora, mas que conseguem despedir-se e deixar lembranças lindas, como legado para os pequenos que ficam. Porém não encontrei nenhum conto para crianças de pré-escolar que expressasse o que pode sentir alguém de quatro anos quando lhe contam que sua colega nunca mais vai voltar a sentar-se na carteirinha ao lado, para relatar o que fez no fim de semana ou para responder quando a professora faz a chamada."

E diz mais adiante: "(...)hoje me sinto órfã e desamparada. Órfã de razões para fazer o que faço, para acreditar no que digo, para sonhar com o que sonho."

Yolanda, você e eu sonhamos com a mesma coisa. Sonhamos com crianças leitoras, que possam encontrar nos livros as respostas de que precisam para se fortalecer frente à vida.

Minhas amigas procuraram livros com respostas específicas e não os acharam. Desejando ajudá-las, olhei para trás, fui folhear nas estantes da minha infância, para ver o que os meus livros de então me diziam.

Eu fui uma criança da guerra. A guerra me levou a nascer na África, na então Abissínia, aonde meu pai havia ido, voluntário, para as guerras italianas de colonização, guerras que a Itália chamava, mais grandiosamente, "de conquista". Naquele mesmo ano, o Japão declarou guerra à China, e em plena guerra civil espanhola a aviação alemã destruiu Guernica. Sempre houve fartura de guerras.

Três anos depois do meu nascimento, a Itália declarou guerra à França, ingressando no segundo grande conflito mundial. Minha família regressou ao país de origem.

E, durante os cinco anos seguintes, morei na casa da guerra.

A guerra é isso, quando se está dentro dela, uma espécie de casa que nos envolve, em que se toma sopa e se conversa e se comemora e se morre, uma casa em que o risco e a anomalia são rotina. Uma casa em que os padrões de vida, e de morte, não são os mesmos dos tempos de paz, mas são, assim mesmo, padrões. Uma casa em que o tempo, pontuado pelas notícias que chegam do *front*, continua.

É algo parecido com a família que convive com um bêbado furioso. Do lado de fora, todos se perguntam como aquela família agüenta tamanha pressão, como pode seguir vivendo com aquela ameaça constante. Mas os de dentro já se organizaram, distribuíram seus medos e suas defesas, inventaram uma dinâmica de sobrevivência e, como qualquer outra família, vão tocando a vida.

O resto do mundo, o que não está em guerra, é o lado de fora. E os que estão do lado de fora olham para os moradores da casa e se surpreendem que ainda tenham do que rir, que dancem, que inventem modelos de roupa *fashion* para aproveitar cobertores velhos porque já não há lãs, ou que, como fazia minha mãe, maquiem as pernas de escuro e tracem a costura com lápis de sobrancelhas para simular meias que não existem mais para comprar.

Os de fora não sabem que inventar a normalidade no meio da tragédia é o que torna a tragédia suportável. Acham estranho que a vaidade e o senso de humor permaneçam, quando toda noite se desce a um abrigo antiaéreo. Mas é assim que se tolera o abrigo. E permanece o desejo de ouvir música, que leva as pessoas a concertos mesmo quando os víveres escasseiam. E o de ir ao teatro. E o de ler.

Essa invenção da normalidade é a casa.

Durante cinco anos, morei nessa casa. Mudei de cidade vezes sem conta. Mudei de professores outras tantas, e a cada vez fui deixando para trás os poucos colegas que conseguia fazer. Só uma vez mudei de escola, porque só durante meio ano freqüentei escola regular, o resto da minha educação foi sendo feito pelo caminho, em ensino particular. Mas em pleno nomadismo, uma normalidade estável foi criada pelos meus pais, para mim e para meu irmão.

Essa normalidade foi a leitura.

Quando penso nesses anos, eu os vejo forrados de livros. São meus anos-biblioteca. E minhas leituras mais emocionantes, aquelas que vivo até hoje como minha epifania de leitora, aconteceram exatamente nos dois últimos anos da guerra, os mais duros.

Os Aliados já haviam ocupado o Sul da Itália, vinham subindo, nós estávamos no Norte, na cidade lacustre perto da qual Mussolini seria descoberto em fuga e justiçado pelos *partisans*, e eu lia. Olhava pela janela da nossa sala, via o símbolo do *fascio* aposto à fachada do Duomo, e lia. Comíamos couve-flor sete dias na semana, um ovo passou a custar uma lira, dizia-se que o pão era feito de serragem, e eu lia. Deixamos a cidade, buscamos refúgio na montanha. Agora, acordando de manhã, todas as manhãs, as colunas de fumaça no horizonte nos diziam que Milão estava debaixo de bombardeios, e eu, ah! eu continuava lendo.

Mas o que é que eu lia?

Antes de dizer o que eu lia, cumpre dizer que não lia sozinha. A leitura é uma atividade solitária, individual, que não exige companhia. Entretanto, o fato de ter tido meu irmão como parceiro de leitura nesses anos de formação ampliou enormemente o raio de ação daquelas narrativas, extraindo-as dos livros e transpondo-as para o cotidiano, multiplicando-as em infinitas refrações.

Não tínhamos outros amigos, colegas com quem brincar. Éramos só nós dois, ele um ano mais velho do que eu, e enquanto moramos na cidade não brincávamos na rua, saíamos só para ir estudar. As tardes eram longas na sala de móveis escuros, a noite chegava cedo trazendo a neblina do lago. Mas nós dois estávamos embrenhados nas selvas da Malásia com seus animais selvagens, galopávamos nas pradarias do Oeste, escavávamos casas no tronco das sequóias ou navegávamos a vinte mil léguas debaixo do mar. Éramos piratas, caçadores, viajantes, éramos peles-vermelhas — até hoje guardo no coração, com ternura e orgulho, meu nome de *squaw*, *Sole Ridente*.

Para podermos brincar melhor com esse material tão farto de personagens, criamos um casal de irmãos, nossos amigos imaginários, que eram outros e éramos nós mesmos. Um casal cujo nome, Nino e Pia, funcionava como uma senha. Bastava dizer "vamos brincar de Nino e Pia na floresta" ou de Nino e Pia em qualquer outra situação, para escancarar as portas do imaginário e dar início à viagem.

Partilhar as leituras também nos servia para fabular. Tínhamos os mesmos referenciais. Então, quando estávamos cansados de ser personagens e queríamos ser apenas narradores, um dos dois começava a inventar uma história, que o outro levava adiante dali a pouco, e devolvia depois ao primeiro. Essas maratonas de revezamento narrativo podiam se estender de um dia para o outro, e houve uma, sobre uma estranha tribo africana, que largávamos e retomávamos à distância de dias, como um brinquedo, sem qualquer compromisso de coerência, e que durou meses.

Mas vamos retomar a pergunta: o que é que líamos?

A resposta está parcialmente incluída em um poema do meu último livro:

Neblina no lago de Como

Essa neblina
que não pousa no lago
mas que do lago ascende
como se duplicasse
água em água,
essa neblina densa
como um sono
que num mesmo casulo
nos envolve
e aos brotos das glicínias
e às montanhas,
essa neblina vem da minha infância
e eu a esperava
desde que cheguei.

Marina em Como
as sirenes da guerra
as Ursulinas
a oleografia de hortênsias
na moldura
o Duomo do outro lado da janela.
E lá fora a neblina.

A neblina deitada rente ao cais
cabelo esparramado dentro d'água
sereia.

A neblina galgando o meu terraço
meneio deslizando entre paredes
serpente.

Neblina
que Quixote lacera com sua lança
que Rolando derrota em Roncesvalle
que Ulisses dilacera com seu barco
que os piratas de Salgari destroçam.

Na sala escura
onde os livros se empilham
duas crianças conversam
longos contos de sol.
A neblina encosta os dedos no vidro
e ouve.

Então, aí está. Líamos Salgari. Emilio Salgari, italiano, autor de numerosos livros de aventura publicados dentro do grande surto de livros desse gênero, que vai do final do século XIX até a primeira década do XX. Toda a minha geração, pelo menos no mundo latino, devorou Salgari. Sua série mais famosa é sobre piratas nacionalistas da Malásia, liderados pelo herói Sandokan. Sua produção vastíssima inclui uma série sobre piratas bucaneiros — tendo inclusive um livro sobre uma pirata mulher — e livros sobre os pioneiros do Oeste americano, sobre os índios peles-vermelhas, sobre a Sibéria, as estepes, Cartagena, Damasco, as Caraíbas, os faraós. Enfim... tudo.

Líamos Stevenson. Da *Ilha do tesouro*, tantas vezes percorrida, e à qual sempre voltávamos, conhecíamos cada palmo, cada concha. Aliás, com as ilhas fizemos uma farra, porque tínhamos a de Robinson Crusoé, e freqüentávamos como se fosse nossa aquela Misteriosa, de Verne. Mantida essa paixão pelas ilhas, já não sei em quantas delas aproou meu barco de narradora.

Amamos muito Mark Twain. Tom Sawyer, a minha paixão, tão íntimo, que me bastou nomeá-lo aqui ao escrever para revê-lo pintando a cerca e depois na gruta, fugindo do índio. E Huckleberry Finn.

Chorei de pena de Peter Pan, trancado fora da própria casa, olhando através de grades a cama que havia sido sua, agora ocupada por outro menino.

Líamos as *Aventuras de Gulliver*, e nunca imaginei que não tivessem sido escritas para mim, ou seja, para crianças. A narrativa e a ilustração do nosso exemplar, mostrando Gulliver deitado no chão, todo atado, rodeado pelos liliputianos, imprimiu em minha mente a questão da relatividade entre grande e pequeno, com tal intensidade que eu retomaria o tema tantos anos mais tarde ao escrever um conto chamado *Do tamanho de um irmão*.

Lemos um livro que todas, rigorosamente todas, as crianças italianas daquela época, e mesmo os seus pais, leram: *O coração*, de Edmondo de Amicis.

Não preciso dizer que *Pinóquio*, o clássico dos clássicos para crianças italianas, era nossa leitura. Inclusive foi em Como que ganhamos a história de Pinóquio gravada em 18 discos, coleção que, não sei bem por que milagre, entre tantas mudanças, conservo até hoje. São discos de papelão, maleáveis, concebidos para crianças, metidos em envelopes ilustrados que se armam formando cenários.

Essa questão dos discos merece um parênteses. Leitores, desde sempre, de contos de fadas, ganhamos também nessa ocasião o disco do *Gato de botas* e o de *Pele de asno*. O que fez com que essas três narrativas se estabelecessem em nós acrescidas de uma memória sonora absolutamente indelével.

Quanto a *Pinóquio*, vale dizer que tentei retribuir o muito que me deu, traduzindo-o recentemente para o português. E relato isso, não para fazer pública minha gratidão, mas para mostrar com quanta aderência uma leitura infantil pode permanecer em nossa alma.

Houve, em nossas leituras daqueles dois anos, uma outra vertente extremamente reveladora: os clássicos da literatura universal adaptados para jovens, em uma coleção que nossos pais nos deram, com sábio desprezo pela faixa etária. Assim, entre os sete e os oito anos fui abençoada pela *Ilíada* e pela *Odisséia*, por *Orlando furioso*, por *D. Quixote*, pelo *Anel dos Nibelungos* e pelos mitos gregos.

Na montanha, ouvíamos à noite os caças de reconhecimento voando baixo sobre a nossa casa, havia *partisans* escondidos nos bosques aonde íamos colher cogumelos e andar de trenó, do terraço vimos um dia as labaredas que devoravam uma cidade a poucos quilômetros de distância. Que sentido havia em ler sobre os deuses do Olimpo ou as florestas da Malásia em semelhantes circunstâncias?

Imaginar-se uma *squaw* pele vermelha pode ser a maneira para deixar de ser, pelo menos por algum tempo, uma menina italiana no meio da guerra. Teria sido uma forma conveniente de escapismo. De fato, eu tinha muito medo. Um medo difuso, que não era só medo de morrer, mas medo das ameaças todas, ditas ou intuídas, que preenchem tempos como aqueles. Eu tinha medo e pensava como teria sido bom ser uma menina suíça, país neutro, fora do conflito. Ainda era pequena demais para saber que guerra não é só a que se declara e que se faz com armas, que guerras há de todo tipo, e que quase todo país tem a sua. Não sabia que guerras pudessem se desenrolar em tempos de paz, guerras de exclusão, de racismo, guerras econômicas e de mercado. Não sabia, mas, embora sem me dar conta, estava aprendendo.

Estava aprendendo nos livros. Porque na verdade era isso que a leitura operava: aprendizado, não escapismo.

Eu aprendia através das histórias. Vamos olhar então que histórias eram essas.

Sandokan, o herói de Salgari, é um príncipe de Bornéus destronado pelo expansionismo britânico, que se refugia numa ilha, e de lá ressurge como O Tigre de Mompracém, feroz pirata que aterroriza e dizima os invasores ingleses. Apaixona-se, é claro, por uma inglesa, Lady Marianna, e por esse amor — que tanto me fez suspirar — enfrenta incríveis aventuras.

É um clássico herói vingador. "Mas de quem é a culpa?", pergunta ele num dos diálogos iniciais da série. "Por acaso, não foram inexoráveis comigo os homens da raça branca? Por acaso não me destronaram alegando que estava me tornando poderoso demais? Por acaso não assassinaram minha mãe, os meus irmãos, as minhas irmãs, para destruir minha descendência? Que mal lhes fiz? A raça branca não tinha queixas de mim, entretanto quis me esmagar. Agora eu os odeio, sejam espanhóis, holandeses, ingleses ou portugueses, eu os execro e me vingarei deles terrivelmente. Eu o jurei sobre os cadáveres da minha família e manterei o juramento!"

Está aí um discurso especialmente elucidativo para uma menina branca filha do colonialismo, que do colonialismo só tinha ouvido falar bem e com orgulho.

Em todos os livros de Salgari que li — não li todos, nem poderia —, estive rodeada de cimitarras, punhais, o terrível *kriss* malaio de lâmina ondeada, canhões, espingardas, revólveres, facas, *tomawuks*. Cheguei até a aprender — coisa que tem sido de extrema utilidade em minha vida — que para evitar a morte nas florestas da Índia habitadas pelos *thugs*, os sanguinários caçadores de cabeças adoradores da deusa Kali, deve-se andar com o braço erguido, de modo a escapar do laço de seda estrangulador que eles lançam.

Deixemos Salgari, com quem também aprendi a me salvar da morte em caso de incêndio na pradaria — ensinamento que ainda não tive oportunidade de pôr em prática, mas que poderei transmitir mais tarde, se alguém julgar necessário. Vejamos Verne.

A vinte mil léguas de profundidade navega um estranho submarino, o *Nautilus*, comandado pelo capitão Nemo. E quem é Nemo, figura misteriosa que toca órgão, que chora quando morre um de seus marinheiros, e luta contra uma lula gigante para salvar um pobre pescador? Ninguém mais, ninguém menos que um príncipe, o nobre Dakkar, filho de um rico rajá. Em 1857, Dakkar havia participado da primeira revolta da Índia contra os ingleses. Condenação à morte, fuga, assassinato do pai, da mãe, da esposa e dos filhos por parte dos inimigos, juramento de vingança eterna, e o *Nautilus*, que, construído secretamente numa ilha deserta, passa a afundar fragatas inglesas sem poupar um único membro da sua tripulação.

Novamente navegava eu no confronto, e dessa vez sem Lady Marianna para alimentar meu lado romântico. Novamente transitava entre ataques e invasões, e vivia a presença da morte. Só muitos anos mais tarde me seria dado agregar a essa história um dado irônico, ao ver o capitão Nemo interpretado no cinema pelo inglesíssimo James Mason.

Havia mais guerra que amor na *Ilíada*, embora tudo tivesse começado anos antes por amor à bela Helena. E havia muito amor e algumas guerras na *Odisséia*.

De *Orlando furioso* lembro as batalhas entre sarracenos e cristãos, que minha memória guardou cheias de penachos, de turbantes, de couraças e de cavalos. E mais do que o amor de Orlando por Angélica, a bela e valente princesa do Qatar, comoveu-me a irremediável perda do herói, quando ele morre ao fundo de uma ravina em Roncesvales.

Sigfrido também morre. Porque uma folha, uma folha apenas colou-se às suas costas, de nada lhe valeu banhar-se no sangue do dragão, de nada lhe valeu sequer matar o dragão cujo sangue lhe daria a invulnerabilidade. Naquele ponto pequeno qualquer faca, lança ou punhal poderia matá-lo. E o matou. A fatalidade estava determinada desde o momento em que é dado ao leitor ver aquela folha. E havia Brunhilde, até que enfim uma heroína forte, que andava a cavalo, uma guerreira para inflamar minha imaginação feminina.

Poderia me deter ainda em Swift, que, em vez de recorrer à guerra, utilizou seu *Gulliver* para fazer bem-humoradas críticas à política e aos costumes da Inglaterra da época. Poderia lembrar as batalhas de Peter Pan contra os piratas e contra os índios. Poderia dizer o quanto me fascinei com os deuses do Olimpo, que amavam, desejavam, se torciam de ciúmes, se esmeravam em punições e vinganças e me transmitiram, para sempre, o encantamento pelas metamorfoses. Ou quanto me enterneci com Quixote, mais um cavaleiro, embora de triste figura, que tudo o que queria era lutar, guerrear em defesa de donzelas e ideais, dar lustro à sua honra nos campos de batalha.

E havia *O coração*. É o diário de um menino, entremeado de contos patrióticos, melodramáticos, lacrimosos, em que meninos devotados se sacrificam para salvar a avó, salvar o pai, salvar a pátria. Um deles despenca, abatido por um tiro, do alto de uma árvore na qual subiu para ver os movimentos das tropas inimigas e comunicá-los ao seu capitão. É um produto típico da segunda metade do século XIX, quando, tendo obtido sua independência, a Itália recorreu à literatura infantil para forjar pequenos cidadãos. Não é apenas um livro, é uma bandeira ao vento, encharcada de ideologia.

Mas que pais eram esses, que só davam para ler a seus filhos, duas crianças, histórias de guerra e de violência? Não podiam lhes dar algo mais claramente infantil?

Sim, podiam. E nos deram os contos. Grimm, Andersen, Perrault, *As mil e uma noites*. Cantei vezes sem conta a bela história de Pele de Asno, em que a princesa vai ser guardiã de porcos, coberta com a pele imunda de um asno, para escapar do pai que quer casar com ela. Morri de medo de Barba Azul, assassino de suas esposas. Senti minha cabeça ameaçada quando o ogro, acreditando matar os irmãos de Pequeno Polegar, decapita suas cinco filhas. Como é mesmo que têm início as *Mil e uma noites*? Um vizir que mandava decapitar todas as suas esposas logo após a noite de núpcias casa-se com a bela Sherazade e ela vai lutar, noite após noite, para driblar a morte. Para as crianças o vizir parece ainda mais desapiedado pois, por pudor moral, ninguém lhes conta que seu ódio nasceu quando se viu traído pela esposa com um escravo núbio. E Simbad, o marujo, o que faz em suas viagens? Mata o monstruoso ciclope que o havia aprisionado, mata o velho marinheiro que idem, escapa de um sepulcro onde havia sido enterrado com a esposa morta.

Em recente conversa, uma amiga alemã me dizia que agora, na Alemanha, toma-se o maior cuidado com isso. Que os pais não dão para ler às crianças nenhum livro ou história que tenha guerra, violência, morte. O momento é pacifista.

E eu me perguntei, com inquietação, o que será que os pais alemães estão dando como leitura a suas crianças. Todos nós lembramos ainda o momento — mais tarde reconhecido como um grande equívoco — em que os contos de fadas foram mandados para a tinturaria, a fim de limpá-los de qualquer mancha de sangue. O resultado foi que, ao limpar-se o sangue visível, drenou-se também o invisível, aquele que corre nas veias das histórias, que as anima e lhes dá vida. E os belos contos de fada ficaram pálidos, fracos, com um pé na UTI.

A verdade é que não existe literatura "limpinha". Existem livros "limpinhos", sobretudo para crianças. Mas livros podem não ser, e freqüentemente não são, literatura. Literatura é arte. E arte é tensão, conflito, *pathos*.

Mesmo quando quase não o percebemos, o conflito está aí. Tomemos *Pinóquio*. Não há guerra, combates, armas, nessa história. Ao primeiro olhar, poderíamos dizê-la uma história *light*, bem ao gosto de Disney. Mas o Pinóquio de Collodi nasce pobre, de uma pobreza absoluta, e para avançar na vida terá que se defrontar com dois espertalhões sem escrúpulos — a Raposa e o Gato —, terá que ser perseguido e esfaqueado, morrer enforcado numa árvore e renascer, terá que passar fome ao longo de todo o livro, enfrentar uma cobra gigante, escapar por pouco de ser frito numa frigideira, ser preso na coleira como um cão, ser engolido por um tubarão.

Não há outro caminho para o herói. Para qualquer herói. Precisa descer ao inferno, vencer as provas, para poder ressurgir do outro lado, completo, coroado.

A guerra que se trava em *Pinóquio* é a mais antiga de todas, a mais perene, a guerra do Bem contra o Mal. E a descida do herói começa quando, com suprema indiferença, Pinóquio despacha para o além o Grilo Falante, voz do Bem, esmagando-o sobre a parede com um martelo.

Quando os adultos querem explicar a guerra às crianças, o fazem quase sempre de duas maneiras. E, eventualmente, misturam as duas maneiras numa mesma explicação.

A maneira considerada mais moderna é a didática. Explica-se a guerra factualmente, *como ela é*. Relata-se o que está acontecendo, quem ganha e quem perde, quem está de um lado e quem do outro. Usam-se mapas, tenta-se explicar como tudo começou, agrega-se à explicação a descrição da última batalha ou da última explosão.

A outra maneira, a mais comum, é a ideológica. Diz-se à criança quem está certo — nós — e quem está errado — eles. Alimentam-se o ódio pelo inimigo e a admiração pelos heróis. Dão-se razões que a tornem justa. Podendo, coloca-se um deus do nosso lado. Tudo é visto de um único ponto. É a guerra explicada em seu *porquê*.

A criança, porém, não recebe explicações de uma única fonte. E os arrazoados dos pais — que querem poupá-la —, da escola — que quer ensinar-lhe —, somados ao que consegue apreender da televisão — que não está em absoluto se dirigindo a ela —, podem criar uma razoável confusão.

Vivi isso muito claramente. Lembro-me de quando, num hotel em que moramos em uma de nossas muitas mudanças, e estando meu pai ainda na África às vésperas da invasão inglesa, ouvíamos secretamente "rádio Londres", para ter notícias mais reais — ou no mínimo menos ufanistas — do *front* e, conseqüentemente, do grande ausente. O que nos chegava, e que eu intuía através dos comentários dos adultos, era bem diferente do que ouvíamos no noticiário oficial.

E lembro com igual clareza de como a guerra me era servida em família, por um pai que havia fugido de casa aos 16 anos para ir fazer a guerra com d'Annunzio, que a ele se referiu em carta ao meu avô como "o legionário louro". Um pai para quem a guerra era ainda uma atividade romântica, toda em clima de medalha, perfis ao vento, pátria amada, o glorioso império fascista, a justa defesa dos nossos direitos contra o inimigo usurpador.

Quando cheguei ao Brasil, já em 1948, foi muito difícil para mim, que havia visto minha mãe e suas amigas desmancharem suéteres velhas e tricotar agasalhos para soldados que lutavam sem ter nem com que se aquecer, ouvir dos novos colegas de escola, brasileiros, que heróicos e valentes haviam sido os aliados, desbaratando os covardes italianos em fuga.

Desse modo, a guerra que os adultos ministram às crianças, hoje com a ajuda da televisão, é uma guerra ao mesmo tempo real e idealizada, servida diariamente em cores nos noticiários, que os pequenos vivem como um terremoto, um tufão, algo que os pode matar e sobre o qual não têm nenhum controle.

Outra é a guerra que as crianças recebem através da literatura.

Trata-se, antes de mais nada, de uma guerra simbólica. Por mais bem descritas que estejam as batalhas, por mais cortantes as cimitarras, a criança leitora sabe que aquilo não é verdadeiro (não vamos aqui nos alongar sobre aquilo que todos sabemos, as últimas pesquisas demonstrando que as crianças, mesmo bem pequenas, sabem distinguir ficção de realidade). Sabe que ela, a sua família e a sua casa não estão em risco.

Dentro dessa batalha fictícia, a criança atua de várias maneiras ao mesmo tempo. Ela é inicialmente observadora, para tornar-se adiante, através da identificação com as personagens, participante. E ao completar, automática e instintivamente, o cenário que o autor lhe oferece, ao colocar rosto nos figurantes, torna-se também co-autora.

Esse jogo de deslocamentos faz com que a guerra literária não seja imposta à criança, como um ciclone, não a submeta, não a humilhe com suas ameaças. É uma guerra que pode ser vivida, mas que está sob controle.

O mesmo acontece com a morte. A morte dos livros, ao contrário da morte de verdade, pode ser revertida, bastando para isso voltar para trás na história. Ou é revertida pela própria história, com a personagem ressuscitando — como acontece, por exemplo, em *Branca de Neve* e na *Bela Adormecida* — ou metamorfoseando-se para renascer sob outra aparência.

Além disso, grande parte das histórias se estrutura justamente sobre a luta entre a vida e a morte, colocando a morte como grande perseguidora do herói, que consegue sempre — ou quase sempre — driblá-la. Dentro do jogo de identificações, a criança se vê com a morte nos calcanhares, a garra do ogro prestes a agarrá-la, a labareda do dragão esquentando-lhe a nuca, mas sabe, embora o coração bata descompassado, que vencerá ao final. A morte, o medo da morte vão sendo elaborados através das leituras, enquanto a criança fortalece suas defesas.

Isso já seria um grande passo adiante em relação à vivência da guerra real. Mas não seria o suficiente. Estaríamos ainda muito próximos de um exercício de guerra, um jogo de guerra e morte, apesar de já distantes dos execráveis jogos televisivos em que as crianças aprendem a ganhar na caçada ao semelhante.

O diálogo que a criança estabelece com a guerra através da leitura vai bem além, e é mais secreto.

A literatura nada mais é, afinal, do que um longo, um interminável discurso sobre a vida, um artifício em que, através de narrativas, os seres humanos elaboram suas paixões, sua angústias, seus medos, e se aproximam do grande enigma do ser.

Lendo, aprendemos não só a colocar em palavras os nossos próprios sentimentos, como, graças a representações simbólicas, aprendemos a vida.

Assim como a vida, a guerra não começa onde a vemos começar. As guerras, as guerras todas que constroem nossa história, tiveram seu início num único momento, o momento em que o primeiro homem arremessou a primeira pedra para vencer o primeiro inimigo. Dali para a frente, todas se explicam através desse gesto inicial.

Pois a guerra não vem de fora, não é provocada pelo outro. A guerra vive nas pulsões do ser humano. E há hoje uma corrente de historiadores segundo os quais a guerra existe porque é necessária, movente sem o qual as civilizações não teriam avançado.

Quando os adultos querem explicar a guerra às crianças, falam de fatos, falam de idéias. E — hoje mais do que ontem — dizem que a guerra é nefanda, que odeiam a guerra mesmo quando ela é indispensável. Fica difícil para as crianças entender por que, se os adultos odeiam a guerra, continuam a fazê-la.

Entretanto, na leitura, processos inconscientes aproximam as crianças da essência das coisas. E elas podem desdobrar a guerra através das paixões humanas, para ir encontrá-la onde verdadeiramente nasce, nos instintos de sobrevivência e de territorialidade, no medo do outro, na agressividade própria do ser humano. Conhecer a raiz das coisas não torna as coisas melhores. Mas ajuda a lidar com elas.

Yolanda Reyes, minha doce amiga, não encontrou os livros que estava procurando, os livros que lhe haviam pedido para encontrar, porque, sem se dar conta, procurou livros que a consolassem, e os livros que a consolariam não eram os mesmos que tranqüilizariam as crianças.

Yolanda não encontrou os livros porque estava sofrendo, como sofrem os adultos quando uma de suas crianças é abatida pela guerra. Estava sofrendo de impotência e culpa, porque, como me escreveu, "Tantas vezes dissemos a nossos pequenos que as coisas podem ser resolvidas com palavras e sem violência, que podemos pedir desculpas e perdoar uns aos outros, e que as crianças podem mudar o mundo... Entretanto, uma vez mais, o mundo em que vivemos se encarrega de dizer, a eles e a nós, o contrário."

Não estivesse sofrendo, Yolanda saberia, como sempre soube, que para encontrar livros capazes de ajudar as crianças a enfrentar a guerra e a morte, mesmo a morte de uma colega de quatro anos que não voltará à sua carteirinha para atender à chamada, bastava afundar bem a mão no grande saco universal dos livros, sacudir, como para tirar a sorte, e extrair um livro, qualquer livro entre os muitos bons. Esse livro, a seu modo, saberia o que dizer para acalmar pequenos corações cheios de medo. Esse livro sempre seria a sorte.

Primero Congreso Internacional del
Libro y la Lectura, Quito, Equador, 2003.

Rir pode não ser o melhor remédio

Fábulas da mulher moderna, assim estava escrito, há algumas semanas, no alto de uma estante promocional estrategicamente posicionada para receber os freqüentadores logo à entrada da livraria Barnes & Noble, na Sétima avenida, em Nova York. E eu, mulher moderna que acabava de cruzar o umbral, senti-me convocada e parei para ver o que, da minha espécie, se contava.

Slave of fashion (Escrava da moda) era um dos títulos, assinado por Rebecca Campbell. *Good in bed* (Boa de cama) era outro, de Jennifer Weiner. E ainda, *The accidental virgin* (Virgem acidental), *Filthy rich* (Terrivelmente rica), *The dictionary of failed relationships, 26 tales of love gone wrong* (Dicionário das relações fracassadas, 26 histórias de amor que não deu certo), *I do but I dont'* (Eu faço mas não faço), *The dominant blonde* (A loura dominadora). A estante, que se pretendia tentadora, oferecia ao todo 36 livros do mesmo teor.

E o que diziam eles? Autora de destaque na área, Marian Keyes aparecia com vários títulos. No último, *Last chance saloon* (O bar da última chance), conforme li na contracapa, conta-se a história de três amigas que, vindas de uma pequena cidade para a metrópole, não conseguem vida amorosa. E será certamente apreciado, dizia ainda a contracapa, pelas leitoras que se deleitaram com a obra anterior, *Sushi for beginners* (Sushi para principiantes), toda ambientada no mundo da moda. A busca infrutífera do amor era tema também da história de uma organizadora de casamentos, que não consegue casar. E um terceiro, que trazia na capa a foto de uma mulher sentada, com a cabeça inteiramente metida dentro de um saco de papel pardo, sugeria já no título — *Why girls are weird* — explicar por que as mulheres são estrambólicas ou, no mínimo, esquisitas.

Todos prometiam "muita diversão", eram "engraçados" ou "engraçadíssimos", as leitoras, que "nunca haviam rido tanto", iam seguramente "morrer de rir".

Ninguém nos prometia gargalhadas quando, nas décadas de 70 e 80, procurávamos nas livrarias os títulos que continham a modernidade do feminino. Não esperávamos que Simone de Beauvoir fosse hilária, nem que Kate Millet, Gloria Steinem ou Shulamith Firestone nos fizessem rolar no tapete de tanto rir. E a sexualidade, vista por Luce Irigaray, certamente não tinha a mesma angulação cômica escolhida por uma Jennifer Weiner. Estávamos, naqueles anos, descobrindo uma nova maneira de ser mulher ou, como disse Simone, estávamos nos fazendo mulheres.

E a nova maneira de ser mulher era, então, sair daquele mundo lacrado ao qual havíamos estado confinadas, para conquistar o espaço maior do coletivo. Era pensar o feminino em termos sociais. E entrar nas livrarias e buscar a seção "Mulher" equivalia a um entusiasmante encontro marcado de antropologia, sociologia, história, psicologia. O feminino parecia um continente novo onde tudo ainda estava por descobrir.

Agora nos deleitamos com o diário de Bridget Jones multiplicado em infinitas variantes — havia uma inclusive naquela tal estante, mas atualizada, com diário *on line*. E trocamos os amplos espaços recém-possuídos pelo limitado espaço do ego. Um ego mais moderno, é verdade, porque aberto à visitação pública. As seções "Mulher" nem existem mais nas livrarias. Foram substituídas por "Estudos de Gênero", em que as mulheres aparecem mais vinculadas a homossexualismo do que a qualquer outra coisa. E as mulheres foram transferidas para a seção "Comportamento", uma vaga mistura de auto-ajuda e aconselhamento amoroso.

A palavra de ordem, que era *Refletir*, foi trocada. A que vigora é *Divertir-se*. E, se antes refletíamos sobre nossa condição, agora rimos dela.

Estamos achando cômica a busca feminina do amor, como se o amor fosse um resíduo ridiculamente romântico a ser descartado com a modernidade. Sentamos para nos divertir diante de *Sex and the city*, sem que ecoem em nossos ouvidos as palavras de Octavio Paz: "(...)acho que o amor tornou-se uma abstração... A alma tornou-se um departamento do sexo, e o sexo tornou-se um departamento da política. Se a nossa sociedade vai se recuperar, temos que recuperar a idéia de amor (...) essa é a coisa mais importante. Se não encontrarmos isso, a vida será um deserto."

Rir é muito bom. Rir de si mesmo pode ser extremamente saudável, uma demonstração de senso crítico. E é claro que as mulheres não estão sozinhas nessa grande gargalhada. Ainda em Nova York, fui assistir a *Grande jornada do dia noite adentro*, e a platéia ria. Nessa, que é a peça mais dramática de O'Neill, o público aproveitava qualquer mínima oportunidade para gargalhar. Não é isso o que nos ensinam as *sitcom* e os programas de auditório pontuados por gargalhadas de encomenda?

Rir, porém, pode ser também uma forma de manter-se fora das situações, evitar o envolvimento. É quando o riso se aproxima do cinismo, e se substitui à ação: se estou rindo estou criticando, e se estou criticando já basta.

Não vamos rir para sempre, não há maxilar que agüente. Nosso riso atual é provavelmente apenas um *pit-stop* histórico entre uma reflexão e outra, uma e outra luta crítica em busca de melhoria. Estamos, como estão os jovens na *night*, em trânsito. Mas ainda assim, certos corações sangram quando comparam uma Claire Bretecher, que com seus *Les Frustrés* — publicados em *Le Nouvel Observateur* — nos fazia rir do pensamento das mulheres, a uma Maitena que faz rir repetindo velhos clichês sobre o seu não-pensamento.

Jornal *Estado de Minas*, suplemento Pensar, 2003.

Ano 2000, a não-fronteira do imaginário

Quando eu era menina, por questões de saúde passei algum tempo na casa de amigos dos meus pais, junto à fronteira da Suíça. Para me distrair, todos os dias, a babá me levava caminhando até a fronteira. Havia sempre uma carga de emoção no passeio, com aquele limite tão claramente marcado, e a expectativa de alcançá-lo. E lá chegando eu me enchia de reverência, quase medo. Naquela linha invisível desenhada apenas pela cerca, meu país terminava. E começava outro, para mim desconhecido. Ao longo daqueles dias, a fronteira existiu em mim mais forte do que em qualquer mapa.

Penso nisso agora, caminhando para o terceiro milênio. Quando foi dada a partida e, de uma maneira ou de outra, as contagens regressivas começaram por toda parte, senti a mesma emoção dos meus dias de menina. Mais intensa até. Havia uma fronteira adiante, à minha espera, e dessa vez eu ia atravessá-la.

Mas, ao contrário do que esperava, minha reverência, meu quase medo, em vez de aumentar, vem decrescendo à medida que avanço. Quanto mais perto chego, menos me inquieto. Como se a fronteira anunciada se atenuasse progressivamente, e nada tão ameaçador me aguardasse.

De fato, que limite é esse? Temos fortes indícios hoje de que a fronteira foi sendo deslocada ao longo dos anos por erros de cálculo. Garantem alguns que o terceiro milênio já começou. Não se ouviu nenhum estalo gigantesco, não ocorreram terremotos grandiosos, o Messias não veio, o Anticristo, se veio, misturou-se com outros tantos que andavam pelas ruas, e passou despercebido. A virada foi imperceptível. No entanto, o mundo inteiro ecoará com estouros de champanha e de morteiros na última noite de 1999 e muitos se reunirão em orações à espera do fim do mundo. Estaremos comemorando uma ficção.

Uma ficção necessária, porém. Precisamos dela não apenas para acertar os computadores e para renovar os projetos, mas para dizer com segurança: o futuro começou.

O futuro sempre nos ameaçou pelo desconhecido. Esse que aí vem, ao contrário, nos inquieta porque acreditamos conhecê-lo.

Vemos à frente um mundo claramente dominado pelos avanços científicos, um mundo em que a realidade se confundirá com as reproduções — virtuais ou por clonagem —, em que os espaços externos e o dos nossos próprios corpos ganharão outras dimensões, em que a palavra *comunicação* adquirirá sentidos quase inimagináveis. Um mundo para o qual nossa ética, nossos hábitos e nossos conhecimentos nos parecem inadequados.

Em nosso imaginário, a passagem do tempo deixou de ser apenas passagem de tempo; a partir do marco do ano 2000, tornou-se uma entidade compacta, invasora, que nos caberá enfrentar. Para esse enfrentamento devemos estar bem preparados. E a maneira de nos prepararmos é elaborando novos comportamentos, anteriores à realidade, que nos permitam recebê-la com um mínimo de garantias.

No caso nosso, dos escritores deste encontro, o preparo significa escrever acertadamente para os leitores do terceiro milênio.

Como autora, a primeira questão que me coloco diante desse desafio é: a quem nos referimos quando falamos em leitores do terceiro milênio?

E a segunda: de que escrita, e com que função, estamos falando?

Um século só para alguns

Já foi dito que nem todos os países entrarão no século XXI ao esgotar-se 1999. Alguns, os mais pobres, sequer chegaram ainda plenamente ao século XX. Transporto essa realidade planetária para o universo brasileiro, que aqui represento.

O Brasil é um país muito rico e muito pobre. No primeiro dia do ano 2000, muitas crianças brasileiras acordarão tão analfabetas ou semiletradas quanto adormeceram na noite anterior. Vivendo em casas sem saneamento básico, rodeadas de ameaças de doenças contra as quais não terão defesa adequada, mastigando com dentes cariados comidas insuficientes e indo trabalhar como pequenos adultos, essas crianças estarão, naquele dia emblemático, mais próximas da Idade Média do que do terceiro milênio.

Há também muitas crianças ricas no Brasil, crianças que já aos quatro anos, na pré-escola, estão sendo preparadas diante do computador para fazer da informática a extensão natural da sua percepção. Para elas o terceiro milênio já começou.

E temos também as crianças indígenas, que vivem nas reservas, com um pé na Idade da Pedra e outro na modernidade, para as quais o terceiro milênio há de ser pura abstração.

Essa diversidade, porém, não é uma novidade que nos acomete neste fim de século e de era. Essa diversidade é o Brasil. E é dentro dela que vivem e escrevem os autores brasileiros.

Por sua própria natureza, a literatura é campo a ser percorrido por muitos caminhos. Um autor brasileiro pode, como muitos fizeram, debruçar-se sobre a realidade urbana, falar das crianças — e para as crianças — que vivem em apartamentos, com pouco espaço verde e muita vizinhança com os adultos, testemunhando intensos dramas humanos em famílias tão freqüentemente desfeitas e refeitas. Pode, se preferir, trabalhar a partir dos mitos indígenas, das ricas lendas africanas, legados que estão nas raízes do meu país. Ou pode voltar-se para os meninos de rua, pivetes que se encontram em toda cidade brasileira, com seu universo doloroso e tantas vezes mortal. Ou ainda escolher o campo, a vida das pequenas cidades do interior, das fazendas, dos sítios, o crescer na selva, o acompanhar o avô na pesca, ser filho de seringueiro, crescer levando na memória o ruído dos bilros com que a avó tecia rendas. Na diversidade, cada autor escolhe sua fatia, esperando, através dela, atingir as demais.

Entretanto, se projetado para o futuro, tudo isso nos parece ameaçado de insuficiência. Como falar de bilros a uma criança que só conhecerá rendas estampadas por máquinas com materiais sintéticos? Haverá ainda bicicletas? Será a pesca politicamente correta? E que interesse terá um sítio, além do puramente arqueológico, para crianças estrelares? Sobretudo, o que significará um livro?

É provável que muitos autores pensem numa escrita para o terceiro milênio em termos de adequação a novos suportes. Uma escrita informatizável, a meio caminho entre a literatura e a mensagem, fartamente aberta por imagens, quase uma escrita pictográfica. E haverá aqueles que, sem deixar o antigo suporte, o livro, buscarão a solução introduzindo em suas histórias elementos e objetos da nova modernidade, ou buscando uma aceleração ou fragmentação da narrativa, ao estilo do videoclipe. Cada opção terá sua validade.

Eu, como autora, já fiz a minha.

Crianças em qualquer tempo

Quando penso em crianças do terceiro milênio, as vejo ainda maturadas num ventre de mulher, apesar das novas possibilidades com que o futuro nos acena. Crianças que choram ao receber o choque do primeiro ar nos pulmões, e que junto com a vida adquirem o conhecimento da sua brevidade. Crianças que — seja qual for o avanço científico — continuarão precisando de afeto e de atenção para sobreviverem e se tornarem sadias.

As maneiras através das quais essas crianças aprenderão a ler e a escrever não têm, para mim, importância maior. Que seja num caderno ou num computador, diante de uma mesa ou graças a um sofisticado equipamento de pulso, o que eu vejo são seres em crescimento abrindo os olhos maravilhados sobre o saber, e descobrindo o mundo.

O universo socioeconômico de uma criança amazônica criada à beira do rio Negro, que em dia de festa come pato em vez de comer galinha, porque galinhas não nadam e há muito mais água do que terra ao redor das casas dos igarapés, é bem diferente daquele de uma criança de São Paulo levada, no inverno, duas vezes por mês ao médico para fazer nebulizações capazes de minimizar, em seus pulmões, o efeito da poluição. Essas diferenças existem hoje e existirão, ainda que de outras formas, no terceiro milênio. Mas, hoje como amanhã, as duas crianças terão idêntico medo do escuro, e saberão no fundo da sua alma que os adultos são refúgio e perigo, que a morte espreita e que a vida as chama.

As crianças do terceiro milênio, quando penso nelas, são frágeis e bonitas. O que vestem, se linho ou plástico, não me interessa. Me interessa que possam ser de todas as cores, louras e morenas, de olhos puxados, de lábios grossos, de cabelos escorridos ou pixaim, e que assim possam viver, multirraciais, nos mesmos bairros.

Penso nelas sabendo coisas que eu nunca soube, e desconhecendo coisas que amei saber. Confesso que me enternece a idéia de que, pelo menos no início dessa nova era, ainda haverá avós que ensinarão suas netas a costurar roupinhas de boneca, como minha avó me ensinou. Mas tenho certeza de que, mesmo que no futuro venhamos a nos alimentar somente de pílulas, haverá crianças fazendo pílulas de barro ou de cola sintética para brincar de comida de mentirinha, assim como brincaram as crianças da Roma clássica ou as do antigo Egito. E isso, não porque a brincadeira de comidinha seja uma tradição transmitida de geração em geração. Mas porque através da mímese se faz o aprendizado, e a tarefa primeira de todas as crianças, em qualquer tempo e em qualquer lugar, é, e sempre será, aprender a viver.

Quando meu pai era menino ainda não existia luz elétrica. Ele me contava como, da janela de sua casa em Roma, via um homem chegar duas vezes por dia, de manhã cedo e ao escurecer, portando uma longa vara para acender e apagar os lampiões de gás da rua. Quando minhas filhas nasceram no Rio de Janeiro, o homem já tinha ido à Lua. Mas meu pai fazia com minhas filhas as mesmas brincadeiras que o pai dele havia feito com ele, de lobo e de ogro, e elas se assustavam e achavam graça como ele havia se assustado e achado graça na infância.

Quando comecei a escrever para crianças, já era jornalista e escritora, e tinha uma atuação social ligada especialmente às questões femininas. Tinha, pois, uma visão muito clara da responsabilidade da escrita.

Escolhi assumir essa responsabilidade, não tentando chegar a meus novos leitores falando do seu cotidiano, cuja multiplicidade sempre me ultrapassaria, mas endereçando-me a seus sentimentos mais profundos, tão idênticos aos meus.

Com essa proposta, escrevi meu primeiro livro de contos de fadas. Contos de literatura mágica, fantástica, onde o impossível não existe e onde as emoções humanas fundamentais dominam a cena. O que me interessa não é contar uma história. É utilizar uma história para lidar com o amor e com o ódio, com o medo, o ciúme, o desejo, a grandeza humana, sua pequenez e sua morte.

Pronto o livro, aconteceu uma coisa curiosa, os editores não sabiam o que fazer com ele. Não pertencia a nenhuma das estirpes com que estavam acostumados a lidar. Não conseguiam determinar a que idade, exatamente, se destinava. O livro não continha uma clara mensagem moral. E estava escrito de uma maneira que eles consideravam pouco infantil.

Os editores tinham razão. O livro não pertencia a nenhuma categoria estabelecida. Pois embora sendo de contos de fadas não era daqueles contos clássicos, já aprovados e aplaudidos ao longo de séculos, que todo editor edita com alegria e sem questionamento. E ainda que as histórias tivessem uma ambientação quase medieval, estava longe de ser medieval o seu conteúdo. O livro não se destinava a esta ou àquela idade. As histórias, como acontece com qualquer conto de fadas verdadeiro, podiam ser contadas para crianças pequenas ainda não alfabetizadas, ou ser lidas por um adulto junto a uma criança ainda não plenamente leitora, assim como podiam ser lidas por adolescentes de qualquer idade, ou por adultos, para seu próprio prazer. Nem tinham os contos, felizmente, uma pretensa mensagem moral. Cada um deles podia ser entendido de infinitas maneiras, ter incontáveis interpretações.

Só quanto à linguagem os editores se enganavam. O livro certamente estava escrito em linguagem boa para crianças. Não era o tatibitati que tão freqüentemente lhes é atribuído, nem a simplificação estereotipada encharcada de diminutivos. E sim a linguagem metafórica em que as crianças, que ainda não decoraram os códigos da fala, são mestras, a linguagem de ritmo musical que as crianças, ainda não travadas por censuras, acompanham melhor do que ninguém.

Até hoje, o estacionamento dos meus livros de contos de fadas dentro das coleções das editoras parece complicado — e as coleções, com seus estritos comandos das faixas etárias, atuam como vistos no passaporte do leitor, impedindo ou liberando seu ingresso. Professores e pais compram em respeitosa obediência às indicações. E se um livro for classificado para crianças pequenas, as crianças maiores e os adultos ligados a elas o recusarão, do mesmo modo que se um livro for classificado para crianças maiores ninguém ousará comprá-lo para crianças menores, com medo de que contenha algo inadequado, ainda que essas crianças sejam muito inteligentes e que o conteúdo do livro seja saboroso para elas. Embora problemática para as vendas, essa hesitação dos editores é, para mim, um elogio.

Havia, nesse primeiro livro, uma história em cujo final uma princesa crava seu coração no torneado chifre de um unicórnio pelo qual se apaixonou. Na época, adultos me surpreenderam, dizendo que aquilo era dramático demais para crianças. Poucas coisas são tão dramáticas quanto a infância. É quando, com toda a sua força, a tragédia essencial se instala em nós. Crianças, avançamos voluntariamente, ansiosamente, para a vida, que nos trará, sim, alegrias, mas que nos causará muito sofrimento e que desembocará, inapelavelmente, na morte.

As crianças podem não formular isso conscientemente, mas a progressiva tomada de conhecimento do percurso que as espera enche seu coração de insegurança e medo, estampa nelas, para sempre, o sentido da precariedade. É na infância que nos cabe assumir um destino de perguntas sem respostas.

Hoje sabemos o equívoco que foi podar dos contos de fadas clássicos aquilo que parecia violento, amansar os ogros, domesticar os lobos, embainhar as espadas, apagar qualquer aceno à sexualidade. Os bosques simbólicos continuaram cheios de crianças abandonadas pelos pais, mas os pequenos leitores não encontraram mais histórias que os ajudassem a lidar com o medo do abandono. Como os pássaros no conto de Maria e João, educadores equivocados haviam comido as migalhas que indicariam o caminho da saída.

A língua dos símbolos é uma só

Como reage um pequeno leitor do árido sertão nordestino lendo histórias como as minhas, cheias de reis, princesas e cavaleiros? Ou um menino favelado diante dos meus castelos? Provavelmente como eu reagi na infância lendo de uma abóbora e de seis camundongos que eram transformados em carruagem e cavalos. Em puro encantamento.

O menino do Nordeste se lembrará talvez dos reis das danças folclóricas da sua região, monarcas de coroa de latão e mantos de fitas coloridas, do reisado. Pensará nos cavaleiros das cavalhadas. Ou nas princesas e príncipes das cantigas de roda. Quem sabe, o menino que mora no alto do morro, pequeno leitor da sala de aula ou da biblioteca da sua escola, é o mesmo que aos domingos faz castelos de areia na praia de Ipanema para ganhar algumas moedas dos passantes. Os referenciais não importam. E não são sequer necessários. Porque para um leitor um rei é muito mais do que um chefe de Estado hereditário, e um castelo vai bem além de uma modalidade arquitetônica de moradia e defesa. Rei e castelo são símbolos. E, como símbolos, transcendem a representação exterior para serem apreendidos.

Ganhei, modestamente, alguns prêmios na vida. Não digo isso para me gabar, mas para revelar aqui, para vocês, em absoluto segredo, que ganhei um Nobel. O meu Nobel. Existe, no Brasil, um arte-educador — chamado Maurício Leite. Maurício é do Mato Grosso do Sul. Estudou no Rio, trabalhou no Rio, em teatro, em educação. E um belo dia sentiu que o que ele tinha que fazer, para dar um sentido maior à sua vida, era voltar para o Mato Grosso e trabalhar com os meninos da sua terra. Maurício trabalhou em tribos indígenas, ensinando arte e leitura para os pequenos índios. Levava uma malinha de madeira, colorida, desenhada, que se abria revelando na tampa um espelho e luzes, como de camarim. Continha lápis de cor, papel, maquiagens, títeres, gravador, cassetes, tudo o que pode levar a uma leitura prazerosa. E livros. Os livros Maurício renovava trocando as caixas com uma rede de agentes culturais montada por ele, de modo a obter uma biblioteca circulante. Hoje há mais de 150 dessas malas espalhadas pelo Brasil.*

Pois bem, Maurício me disse que os indiozinhos adoram meus contos de fadas. Foi a coisa mais linda, o prêmio maior que eu poderia receber pelo meu trabalho. Saber que os indiozinhos, reunidos ao redor de um contador no meio da taba, viajavam nos contos de fadas desta italiana nascida na África, hoje brasileira de uma das cidades mais modernas do país, confirmou aquilo em que eu mais firmemente acredito e que está na base do meu trabalho. Que as situações socio-

---

*Alguns anos depois, Maurício implantaria suas caixas na África.

econômicas pouco interferem quando nos endereçamos ao eu profundo do leitor. Que, bem além de ensinamentos circunstanciais, a função da literatura infantil é ajudar o leitor a estabelecer com seu inconsciente um diálogo estruturante. E que a linguagem simbólica é universal.

A fronteira do ano 2000 nos espera ali adiante, cada dia mais próxima. Dessa vez, chegando lá, não poderei voltar para a segurança do conhecido, como fazia quando era menina. Mas na minha mala pintada levo a fotografia dos indiozinhos para me servir de bússola, uma coroa de rei ou de princesa para pousar na cabeça do primeiro leitor com que me deparar, e a certeza de que, seja no milênio que for, ele me entenderá se eu falar para a parte imutável do seu ser.

5º Congreso Internacional de Literatura Infantil y Juvenil —
Escrevendo Para El Tercer Milenio —
Córdoba, Argentina, 1997.

Em busca do mapa da mina, ou pensando em formação de leitores

Uma palavra é sempre um bom ponto de partida. Tomemos a palavra *formação*, que é a que nos trouxe aqui, no tema desse nosso encontro, "Formação de leitores".

O que quer dizer formação? Dar forma. Dá-se forma a algo que existe embora ainda sem feitio, a uma matéria informe, a um esboço de sentimento, a um devenir. Lida assim — há sempre, para tudo, mais de uma leitura possível —, a palavra *formação* dá outro sentido à frase. E podemos entender que formar leitores não é sacar leitores de dentro da manga, não é fabricar leitores a partir do nada, mas dar forma e sentido a um leitor que já existe, embrionário, dentro de cada um.

E onde se esconde esse embrião de leitor, que tantos parecem até impossibilitados de ver? Não se esconde, para quem sabe olhar. Ele está contido, à luz, em uma das necessidades primeiras do ser humano, a necessidade de narrativas.

Tão necessário quanto a comida

Os seres humanos precisam narrar. Não para se distrair, não como uma forma lúdica de relacionamento, mas para alimentar e estruturar o espírito, assim como a comida alimenta e estrutura o corpo.

Não existe nenhum povo sem sua gênese. É a história das suas origens, são seus mitos fundadores que dão identidade aos humanos, que tranformam seres dispersos em grupos sociais. E é a repetição dessas narrativas que os mantém unidos.

Do mesmo modo, o indivíduo se organiza a partir da sua história, do seu pertencer a uma família, a um povo, a uma terra.

Vezes sem conta, a criança pede à mãe que lhe conte a cena do seu nascimento. Vezes sem conta quer ouvir o relato do encontro dos pais, do enamoramento dos dois, origem do seu próprio existir.

"Para compensar a ausência da minha mãe, meu pai me paternalizava/maternalizava. Não podendo me dar seu leite, ele me deu histórias, me deu o sonho, a arte de sonhar." Aí está, nas palavras do ginecologista francês François Sonkim, autor de *L'amour du père*, o poder da narrativa como alimento primeiro.

Poderíamos dizer que os relatos dos pais são relatos realistas que nada têm a ver com o universo dos sonhos. Mas sabemos que esses relatos, embora sendo a história sempre a mesma, se modificam a cada nova verbalização, através de palavras, frases e estruturas narrativas diferentes. E que o emissor vai agregando elementos antes inexistentes, à medida que sua memória se distancia do fato. E que o ouvinte colabora reconstruindo cada narrativa através da sua própria imaginação.

Assim, o encontro dos pais que fica gravado na memória do filho dificilmente poderia ser superposto àquele que de fato aconteceu quando este ainda nem existia. "O modo como os dois se encontraram era história na família", escreve o moçambicano Mia Couto em *Um rio chamado tempo, uma casa chamada terra,* "Mariano repetia vezes sem conta esse episódio. Mas com variações tantas que nunca se podia empenhar crédito." Transmitindo através da interpretação do narrador aquilo que em dado momento chamamos realidade, essas narrativas se constituem em uma falsa realidade, sempre em movimento, um esboço de ficção. E como tais estão na raiz daquilo que chamamos tradição oral.

Do mesmo modo, são narrativas aquelas que a mãe — e hoje em dia, cada vez com mais freqüência, também o pai — realiza nos primeiros jogos com o filho. Todos conhecem aquela brincadeira do queijo, em que se toma a mão de uma criança pequena e fazendo cosquinhas na palma aberta pergunta-se: *Cadê o queijinho que estava aqui?* Uma pausa. E logo: *O rato comeu!* Outra pausa. *Cadê o rato?* Pausa, suspense. *O gato comeu!* Pausa. *Cadê o gato?* E logo, subindo com os dedos pelo bracinho da criança: *O gato fugiu... fugiu... fugiu!* A criança acha graça, ri, a mãe faz de novo, a criança torna a rir, e tudo se repete várias vezes, em múltiplas ocasiões.

É uma brincadeira. Mas é também uma pequena narrativa, um continho policial. Havia um queijo neste lugar. O queijo desapareceu. Quem o fez desaparecer? O rato. Para quê? Para comer. E cadê o rato? O rato foi devorado. E onde está o devorador? Como faz todo assassino, fugiu. Temos aí um mistério, um primeiro culpado, um movente, um assassinato, o desmascaramento do assassino e uma solução. Princípio, meio e fim.

A mãe não está consciente desse mecanismo, mas fazendo do aprendizado um ato lúdico, repete para o filho a historieta que lhe ensina, desde cedo, a organizar sua percepção, questionar as situações e tentar resolvê-las.

Hoje contamos histórias para as crianças à noite, antes de dormir. É o que sobrou do antiquíssimo hábito de contar histórias quando o grupo familiar se reunia no estábulo ao escurecer, buscando o calor dos animais e preenchendo com pequenas tarefas as horas que o separavam do sono. Lá fora, a noite parecia conter todos os perigos, os espíritos e as forças da natureza vagavam soltos. E as narrativas se interpunham entre a escuridão e aquele grupo humano acuado, não para barrar o mundo exterior mas, ao contrário, para estender uma ponte até ele, mediando a relação com o desconhecido.

Função semelhante têm as histórias contadas à beira da cama. A criança que se prepara para dormir reluta, tenta retardar a hora de entrar no sono, porque o sono apaga a consciência e nos entrega, sem defesa, aos sonhos. No sono, a criança intui, não há colo para o qual correr. Mas a história que o adulto lhe narra pertence ao mundo da fantasia, o mesmo mundo em que se desenham os sonhos. Ouvindo-a, a criança aos poucos coloca um pé nesse mundo, e inicia sem susto o percurso que depois seguirá, noite adentro.

"Existem diversas formas de sonhar", escreveu Fernando Pessoa, "a melhor maneira de começar a sonhar é através dos livros."

Um narrador no bolso

A narrativa não funciona somente como intermediário entre nós e o mundo. Ela é também mediadora entre nós e nós mesmos, entre aquilo que em nós é consciência, razão, controle, e aquilo que é sentimento, inconsciente, impulso.

A narrativa nos aproxima daquilo que não sabemos.

E a necessidade dessa aproximação faz de nós todos narradores e ouvintes. Sim, somos todos narradores, embora uns melhores que outros. Quando contamos um caso, relatamos um filme, repetimos uma conversa, fazemos um mexerico, estamos narrando, construindo ou reconstruindo uma história.

Voltemos ao leitor potencial. Se eu parar em praça pública e começar a contar uma história em voz alta, as pessoas se aproximarão e se juntarão ao meu redor para ouvir. É assim que acontece na praça Jeema el Fna, em Marrakech, é assim que acontece mundo afora com os contadores de histórias. Porém, muitas vezes, os contadores decoram suas histórias, tirando-as de livros. E as pessoas ao redor ouvem com igual encantamento, sem qualquer rejeição à forma literária.

Ninguém pode ter um narrador constantemente à disposição. Mas qualquer pessoa pode carregar um livro. Então, se os humanos precisam e gostam tanto de histórias, e se podem levar no bolso um narrador de papel, por que parece tão difícil formar leitores?

A distância que vai entre um ouvinte e um leitor preenche-se, inicialmente, com aprendizado. É preciso que alguém que sabe ensine a alguém que não sabe como decifrar os signos de que a escrita é composta. Essa parte do caminho não parece conter maiores complicações, ainda que seja longa, já que além de saber ler é necessário saber o que se está lendo. Mas, se saber ler é indispensável para o desempenho do cotidiano, não basta para fazer um leitor.

É no passo seguinte, quando depois de aprender a ler o que está escrito aprende-se a ler o que não está escrito, que se faz o leitor. E é nesse passo que leitura, narrativa e literatura se fundem.

Literatura é isso, um texto com face oculta, fundo falso, passagens secretas, um texto com tesouro escondido que cada leitor encontra em lugar diferente e que para cada leitor é outro.

Não entendi nada

Não faz muito tempo, estando em um país estrangeiro, fui convidada a visitar uma escola em que as crianças haviam trabalhado com um dos meus livros de contos de fadas. Escola religiosa, só de meninas, belos espaços, delicioso jardim florido, elite, boa formação.

Duas turmas, ou talvez mais, na sala. Não eram meninas pequenas, eram grandotas, não lembro mais de que séries, mas naquele país meu livro é indicado a partir dos 11 anos. Conversei, tudo parecia correr como de costume, mas quando começaram as perguntas...

— Diga, querida, o que é? — estimulei a primeira menina de mão erguida.

— Não entendi a sua história.

— Como, não entendeu? O que foi que você não entendeu?

— Não entendi nada.

Era a primeira vez que alguém, criança ou adulto, me dizia não ter entendido nada de uma história minha.

Tentei explicar, amavelmente, aquilo que nem era para ser explicado. A menina continuava com expressão de quase surdez. Fui adiante, convoquei outra menina de mão erguida.

— Sim, meu bem?

— Não entendi.

— Não entendeu o quê?

— A sua história.

— Que pedaço você não entendeu?

— Não entendi nada.

Eu, boquiaberta. Não sabia nem direito como lidar com aquilo. E logo outra menina levantou a mão, e outra junto dela. E todas repetiam a mesma coisa. Não tinham entendido.

Aquilo não era um desentendimento, era uma epidemia.

Eu sabia que, ao fundo da sala, estava sentada a professora. Evitei olhar para ela. Não podia interpelá-la diante das crianças. Mas localizava ali a origem da epidemia.

Aquelas meninas todas, não havia dúvida, sabiam ler corretamente. Muitas sabiam ler também o que não está escrito, sem que ninguém tivesse precisado lhes ensinar. Mas a professora, ah! a professora, o que sabia ler?

Uma coisa eu podia claramente imaginar: movida por rígido espírito didático e querendo preparar as alunas para a minha visita, ela lhes havia pedido que dissessem o que aqueles contos significavam, qual era a intenção da autora. Ela lhes havia pedido que entendessem os contos a poder de razão.

Ora, uma das características principais da literatura fantástica é justamente sua frontal negação da razão, sua liberdade em relação ao real. A literatura fantástica trilha outros caminhos, mais profundos, mais escuros, caminhos que a razão não freqüenta e em que a lógica se perde.

Tivesse ela perguntado às meninas o que sentiam, teria se aproximado de um acerto. Mas o sentimento — maneira primeira de ler o que não está escrito — não é elemento curricular, não serve para avaliação de QI, não cai nas provas. E certamente não gozava do favor da professora.

O único caminho para entender racionalmente meus contos teria sido o desmonte teórico, a leitura técnica do que se esconde por trás das palavras. Mas, para esse, as meninas não tinham ainda as ferramentas. E suspeito que a professora também não.

Encaixa-se bem, aqui, o entusiasmo da jovem adulta que me disse um dia: "Li as suas histórias. Não entendi nada. Mas adorei!"

Uma garrafa que passa

Recebi uma carta de uma professora de São Paulo. Dizia, após outras considerações, que um ano antes havia ganhado um livro meu de contos, e que, embora gostasse de certas coisas que eu escrevia, esse livro não lhe havia dito nada. Passado um tempo, porém, conversando com uma amiga, tivera a idéia de ler para seus alunos um conto daquele livro — são contos bem curtinhos, minicontos — e desenvolver uma atividade. O conto que escolheu foi:

A quem interessar possa

Abriu a janela no exato momento em que a garrafa com a mensagem passava, levada pelo vento. Pegou-a pelo gargalo e, sem tirar a rolha, examinou-a cuidadosamente. Não tinha endereço, não tinha remetente.
Certamente, pensou, não era para ele. Então, como toda delicadeza, devolveu-a ao vento.

Lido o texto, a professora providenciou uma garrafa, escreveu uma mensagem, pediu aos alunos que escrevessem cada qual a sua, e colocou todas as mensagens na garrafa, fechando-a em seguida. A garrafa seria aberta um mês depois, quando todos verificariam o que havia sido escrito.

O resultado da atividade foi tão entusiasmante, que de comum acordo decidiram ampliar o jogo criativo. Os alunos escreveram mensagens uns para os outros, convidaram os pais e até a caseira da escola para escreverem as suas, e colocaram tudo na garrafa. Dessa vez, porém, a garrafa só seria aberta dali a um ano, com festa, na presença de todos os que haviam participado.

Se a professora tivesse perguntado aos alunos o que eles haviam entendido do conto, certamente teria obtido um resultado bem mais modesto. Algumas opiniões, muitas repetições e um universo de apreensão reduzido. Passando para a ação, ela trabalhou com assimilação, com capilaridade, vasos comunicantes. Os meninos não tinham que tentar dar uma explicação lógica do texto, não precisavam equacionar cartesianamente suas emoções, não se viam obrigados a falar em comunicação e incomunicabilidade — termo que certamente nem sequer conheciam. E, sobretudo, não se sentiam impelidos a "acertar" nas respostas. A atividade não valia nota.

Eles transferiram o texto para o gestual, vivenciaram peso e forma dos elementos do texto, foram a um só tempo aqueles que escrevem mensagens e aqueles que as recebem. E ao longo de um ano viajaram em uma garrafa parada sobre a estante, esperando que ela passasse à sua frente e se deixasse abrir.

Ao contrário das meninas daquele outro colégio, que a essa altura já esqueceram os contos não entendidos, esses meninos nunca mais esquecerão a experiência da garrafa. E a questão das mensagens que passam diante da nossa janela, dependendo apenas da nossa disponibilidade para vê-las, ficará ancorada no seu inconsciente com muito mais firmeza do que se apenas tivessem chegado a ela racionalmente.

A professora havia lido o livro antes e nada do que ali estava escrito dialogara com ela. Nem todos os livros têm coisas a dizer a todos os leitores, e nem todas as leituras de um mesmo texto nos dizem as mesmas coisas. Mas no caso da professora, alguma mensagem, oculta por trás das palavras, lhe havia sido entregue. Podemos até dizer que, embora ela não tivesse "lido" o livro, o livro a leu. E, adiante, deu-lhe seus frutos.

Do mesmo modo, todo dia, a toda hora, mensagens passam diante da nossa janela. Não têm um único endereço, não se destinam a uma única pessoa, a um único receptor.

São livros.

Podemos recolhê-los ou não. Podemos achar, às vezes equivocadamente, que não são para nós. Muitas vezes, porém, quando os recolhemos como fez a professora, descobrimos surpresos que sim, eram para nós, havia ali algo que tinha, secreto, o nosso endereço.

Todos os dias passam livros diante da nossa janela.

Recolhê-los é escolha de cada um.

III Fórum de Educação,
Ilha Solteira, São Paulo, 2003.

E as fadas foram parar no quarto das crianças

Toda vez que me aproximo do universo dos contos de fadas, quer como autora, quer para reflexões teóricas, minha boca seca, a garganta aperta, o coração acelera o ritmo. Eu sinto medo e sedução. E reluto em avançar, como se os vastos espaços que se estendem à minha frente, e que me convocam, escondessem poços de areia movediça, distâncias verticais sem fim.

O que há de tão perturbador nessas narrativas?

Eu não diria que são as fadas em si, apesar de tudo o que representam. Múltiplos estudos nos mostram que são entidades milenares nem sempre tão boas e adocicadas como aquelas impostas pela cultura Disney, que se confundem com as bruxas e com os demônios, que englobam os gênios e os elfos, e que há muitos séculos povoam de magia nosso imaginário, com uma intensidade que se entretece no cotidiano.

Além do mais, ao contrário do que a denominação faz crer, as fadas não são sequer presença obrigatória nesses contos — mais adequadamente chamados de contos maravilhosos — e, quando aparecem, não são personagens centrais. Se quiséssemos usar uma linguagem bem moderna, poderíamos dizer que as fadas são prestadoras de serviços, cuja ferramenta principal, a varinha de condão, opera ações transformadoras. Mas elas são muito mais do que isso. São mediadoras entre dois mundos indispensáveis ao equilíbrio do ser humano, o da realidade e o do imaginário. São nossas interlocutoras com o silêncio. São pontes que nos permitem passar da luz à sombra.

Tampouco diria que o elemento perturbador está diretamente nas histórias, e sobretudo, não na maneira de contá-las. Algumas delas, tantas, até se confundem com aquilo pelo qual têm sido tomadas, histórias para crianças. Uma falsa ingenuidade as percorre. Uma linguagem muito simples as narra. Nada nelas parece destinado a abalar adultos acostumados a diurnas e constantes violências. É bem verdade que nessas histórias tudo é possível, metamorfoses podem ocorrer a qualquer momento, a realidade pode despencar de ponta-cabeça. Mas o leitor, exatamente como as personagens, com nada deve se surpreender. O leitor adulto da atualidade, aliás, entra nessas narrativas já predisposto a não se surpreender, a não fazer parte do jogo, a ser apenas um ser superior que finge brincar para distrair uma criança.

Entender a perturbação só é possível se tomarmos uma fada pela mão e, com ela, atravessarmos a ponte. Como num encantamento, descobriremos então o outro lado da história, aquele que não aparece aos ouvintes desatentos, aquele que se estende além dos aparentes limites da história e que, como um biombo, se desdobra e se abre em refração infinita.

Ponta do caminho, como ponta de meada

Buscar a origem dos contos maravilhosos pode nos ajudar a entender como foi se formando esse biombo cheio de facetas, misterioso como um espelho de fundo falso — não por acaso o espelho que permite a entrada para um outro mundo foi tantas vezes utilizado por esses e por outros contos.

Durante muito tempo pareceu correto remetê-los à Idade Média, mais especificamente ao século XII, momento de especial riqueza narrativa. É quando os jograis cantam os lais, canções de amor que hoje podemos considerar verdadeiros contos de fadas, e na Alemanha florescem as *minnesang,* também canções de amor que os poetas entoam tocando harpa. Circulam nessa época, com grande popularidade, versões das fábulas de Esopo. E o poeta francês Béroul escreve *O romance de Tristão*, que seria retomado naquele mesmo século em alemão e infinitas vezes nos tempos futuros, história de amor imorredoura que encontramos entretecida em tantos contos. É também nesse século que Chrétien de Troyes escreve os cinco livros que gravariam para sempre em nosso imaginário os Cavaleiros da Távola Redonda, suas andanças como protetores de donzelas e a dolorosa busca do Santo Graal. E começa na Europa intensa fermentação literária, com o surgimento dos longos poemas narrativos de fundo épico que dariam origem ao romance, forma por excelência de toda a nossa literatura.

Localizar nessa época o nascimento dos contos de fadas, de conteúdo tão semelhante a todo esse material, parecia mais que justo.

Apesar das aparências, porém, o século XII representou para os contos de fadas apenas um *pit stop* histórico. Havia muito essas histórias tinham nascido e circulavam. Aninhar-se em meio a tantas influências e tantas vozes narrativas foi, como veremos, um gesto tático que haveria de fornecer-lhes renovação e força.

Max Müller, lingüista alemão que deixou marca indelével nos estudos do folcore, nos diz em sua *Mitologia comparada* que o conto popular inicia na Índia seu longo périplo. É ali que, a partir do século I da nossa era, começam a ser escritos em sânscrito textos que séculos mais tarde, atribuídos a Vishnusarman, viriam a formar cinco livros de sabedoria, de fundo gnóstico, o *Panchatantra*. São cerca de setenta contos, organizados dentro de uma moldura narrativa, em que os animais falam e interagem com os humanos.

Os contos, fábulas, parábolas do *Panchatantra* estavam destinados a dar dividendos tempo afora. Ainda na Índia, seu material é adaptado gerando outra antologia, o *Hitopadeça*. E, sua fama tendo chegado à Pérsia, dão origem, no século VIII, em Bagdá, a uma versão árabe, *Calila e Dimna*. Será essa versão que, através de Bagdá e Constantinopla, chegará à Europa, conhecendo um êxito imediato. Traduzida em várias línguas, servirá durante séculos como ponto de partida para a organização de várias coletâneas de histórias — como, por exemplo, a italiana *Prima veste dei discorsi degli animali*, de Agnolo Firenzula, de 1541, reescritura da tradução espanhola.

Mais do que traduzidos — e portanto acessíveis apenas a uma elite letrada —, os contos, antes persas, são assimilados, adaptados, repetidos, fundidos com a pluralidade de influências culturais que naquele século faziam da Europa seu ponto de encontro. Perdem suas características orientais. São passados de boca em boca, de país em país. Incorporam-se definitivamente ao patrimônio oral europeu.

Não é, portanto, a efervescência literária que dá origem aos contos maravilhosos. Ao contrário, são os contos maravilhosos, vindos de países distantes, portadores de outros testemunhos, que se aliam às antigas tradições grega e romana, ao folclore regional, às influências árabes, às narrativas dos países do Norte, dando origem aos grandes poemas épicos — *Chanson de Roland, Cantar del mío Cid, Beowulf, Das Nibelungenlied*, e mais as sagas escandinavas e finlandesas — e aos ciclos narrativos em prosa — aos quais pertence a saga Arturiana — que viriam a constituir a base da nossa literatura.

Sua influência nunca mais se esgotaria. Nós a encontramos em Boccaccio, com seu *Decameron*, assim como a encontramos em João Guimarães Rosa, com a história de amor e luta de sua Diadorim, donzela guerreira, irmã daquela outra guerreira, a valente Bradamante que galopa nas páginas de *Orlando furioso*, de Ariosto. E a vemos tão flagrante na sombria literatura gótica alemã quanto na nossa tropicalíssima literatura de cordel, em que os dragões se confundem com as onças. Para frente e para trás, nos séculos, as narrativas maravilhosas deixaram sua marca.

Os contos, antes mesmo da história

E estaríamos muito bem atendidos por esse percurso se Wladimir Propp não tivesse traçado outro, denunciando antiguidade ainda maior. A Índia, segundo ele, não foi o ponto de partida, mas sim mais uma parada em meio à longuíssima estrada. Os contos maravilhosos já estariam até bem velhos quando encostaram por lá para repousar.

Os contos de fadas, nos diz Propp em seu *As raízes históricas dos contos de fadas*, nasceram entre as comunidades primitivas da pré-história, antes mesmo que fossem descobertos a agricultura e o pastoreio. Nasceram naquele alvorecer da nossa espécie, embora, em sua forma embrionária, ainda não como contos.

Os humanos sobreviviam da caça e da coleta. Nada sabiam da ameaçadora natureza circundante. Tudo era medo e desconhecimento. Para tornar suportável seu desamparo diante de forças tão mais poderosas do que eles, elaboraram ritos, forma simbólica da relação com o todo, a única possível. Entre todos, mais importantes terão sido os ritos de iniciação, quando os jovens entravam na vida adulta, e os ritos fúnebres, quando qualquer um dela saía. E cada rito, diz Propp, era acompanhado de uma história que simbolicamente o explicava.

Pouco a pouco, os humanos deixaram de ser apenas caçadores, transformam-se em agricultores, domaram a terra e parte dos animais. Os antigos ritos não tinham mais razão de ser, mudaram seu sentido, e aos poucos desapareceram. Mas não desapareceram as histórias que os acompanhavam. E essas histórias, ancoradas em sentimentos profundos e fundadores, primeiro diálogo dos humanos com suas divindades, estariam na origem dos contos maravilhosos.

Hoje lemos o conto da princesa trancada na torre, e não pensamos que diz respeito à mocinha segregada do seu grupo social para purificar-se da menstruação. Lemos tantos contos passados em florestas, e não visualizamos as florestas de então, fechadas, habitadas por animais ferozes, lugar de cerimônias e celebrações. E não suspeitamos que as três nozes mágicas que o herói ganha de uma velhinha, ou o fogo ameaçador que arde na lareira da bruxa, ou a voracidade canibal e os arrotos do ogro têm idêntica origem, vindos todos dos ritos de iniciação.

A teoria da pré-história como ponto de partida tem outros defensores além de Propp. Um grupo, cujo expoente mais reconhecido é a egiptóloga Margaret Murray, acredita em motivações bem diferentes, embora ancorando-se na mesma época histórica. Segundo eles, as fadas correspondem aos antigos bretões, povo primitivo anterior à idade do ferro, expulso de suas terras pelos celtas e pelos saxões. Os bretões teriam se refugiado nas montanhas, passando a viver em cavernas e a caçar com dardos envenenados. Aí estaria a razão da aversão das fadas — notadamente as inglesas — por objetos de ferro. O metal, que os bretões desconheciam, era o símbolo dos povos que os haviam conquistado. Mas, evidentemente, não há dados seguros que comprovem essa teoria.

Aqui é aconselhável encaixar um parêntese. Falamos em mitos, falamos em contos, falamos em contos populares, em folclore. Pois bem, um dos grandes problemas dos folcloristas é exatamente distinguir entre gêneros ou subgêneros, entre mito, conto popular e lenda.

O húngaro Géza Róheim que, no início do século XX, debruçou-se sobre a antropologia e o folclore com revolucionária visão psicanalítica, forjou parâmetros que facilitam essa divisão:

> Na linguagem moderna se supõe que um mito seja uma narrativa sacra que explica como o mundo e o homem chegaram a sua forma atual. Um conto popular, ao contrário, é uma história fictícia, sem localização precisa, temporal ou espacial. (....) Uma lenda é uma história, contada como verdadeira, situada em um período posterior à criação. De acordo com essas distinções, uma história sobre a origem do fogo se classificaria como um mito, a da Gata Borralheira como um conto popular, e a história de George Washington cortando uma cerejeira seria uma lenda.

Sonhos e contos, como o ovo e a galinha

Fiquemos por um instante com Róheim. Como psicanalista, contemporâneo de Freud, Róheim foi um grande estudioso dos sonhos, registrando seus achados no livro *The Gates of Dreams,* de 1953.

Em síntese, a teoria que ali expõe diz que os mitos e os sonhos não são, como acreditamos, apenas semelhantes. Mas, ao contrário, "uma boa parte da mitologia deriva, efetivamente, dos sonhos". O conto e o mito nada mais seriam do que o sonho sonhado por alguém, que o repetiu a outro alguém, que o modificou acrescentando-lhe, talvez, parte do seu próprio sonho e que, assim modificado, o repetiu, para ser novamente e sempre repetido. Seria a apropriação de um sonho individual pelo inconsciente coletivo.

Sendo assim, o mito não teria origem no rito, como quer Propp, não nasceria de uma reação diurna a antigos medos. Os mesmos medos poderiam, sim, estar na origem dos contos, mas como conteúdo daqueles sonhos que os elaboravam, e que, transpostos para a oralidade, dariam origem a narrativas cada vez mais coletivas.

Para Róheim, essa teoria tinha um valor diretamente operacional, pois lhe permitia utilizar na análise dos contos de fadas as mesmas técnicas já utilizadas na análise dos sonhos.

Para nós, esquecendo no momento técnicas interpretativas, a importância dessa teoria reside no fato de que, com ela, os contos de fadas deixam de ser um produto da razão, para tornar-se produto exclusivo do inconsciente. Não são mais elaborações conscientes de símbolos, escolhas de estruturas narrativas, propositais retratos de personagens, ou histórias diretamente inspiradas em fatos reais. Não são fruto de criação artística ou do talento e da imaginação popular. São diamantes brutos, extraídos do magma do ser, e só depois lapidados, polidos como seixo de rio, ao passar de mão em mão.

Com isso, distinguem-se de todos os outros produtos literários, e passam a ocupar patamar distinto.

Mesmo quando Bruno Bettelheim distingue o conto de fadas do sonho, atribui o primeiro à soma de conteúdos comuns conscientes e inconscientes, por ter sido formulado não pelo consciente de uma única pessoa, mas pelo consenso de muitos. E esse consenso, obviamente, não é nem poderia ser elaborado conscientemente.

Muito a propósito, a nota inicial da edição francesa (1978) do livro de Marie-Louise von Franz, *La loi de l'individuation dans les contes de fées*, escrita por Francine Saint René Taillandier, tradutora do livro, começa com seis páginas de relatos que diríamos extraídos de contos de fadas. " Um dragão, que tinha a forma de uma imensa lagarta com chifres de veado, lançou-se em cima de mim..." "A serpente ergueu-se sobre as patas traseiras e me disse..." "Um velho sábio e venerável havia escondido meus quatro cavalos brancos para protegê-los de um homem mau que os teria roubado, matratado ou matado se os encontrasse..." "Embora sendo homem, dei à luz, e o ser que saiu de mim era outro eu, adulto mas como se remoçado. Minha mãe, sufocando de ódio e ressentimento, caiu morta." Na verdade, trata-se de sonhos, provavelmente material recolhido em consultório. E Taillandier escreve:

Assim como os contos de fadas, os sonhos nos propõem a maior das aventuras, a exploração de nossas profundezas e, através dela, uma relação justa com a vida e a morte, e com as leis e os ritmos do mundo. Como os contos, eles nos convidam à aventura e a buscar uma outra dimensão para a nossa vida, e nos avisam do risco de sermos engolidos pelo dragão da inconsciência.

Sonhos e contos se sobrepõem, se confundem. O material que utilizam é o mesmo, idênticos símbolos, idêntica maneira cifrada de se expressar. E igual é a dinâmica desse diálogo: há um ouvinte, nós, e uma voz que conta — para dizer não exatamente aquilo que conta mas outra coisa encoberta, mais profunda, vital — e essa voz também é nossa. Essa voz não é nossa somente nos sonhos mas, de forma indireta, o é igualmente quando somos receptores de um conto de fadas que alguém nos narra, pois esse conto originou-se na parte do ser que a todos é comum e que nos iguala, quer se chame inconsciente coletivo, quer se chame essência, alma, ou centelha de humanidade.

Como disse Italo Calvino, "os contos de fadas são verdadeiros".

Contos de fadas, contos de mulheres

Vamos regredir um instante. Os humanos enfrentam-se com um mundo que não entendem, com acontecimentos que não sabem explicar, nascimento, vida e morte, envelhecimento. Para acalmar suas ânsias e colocar alguma ordem no caos de suas emoções, criam os ritos, os mitos, e aos poucos, da observação dos fenômenos naturais, o inconsciente coletivo cria as imagens primordiais — os arquétipos — e os símbolos que iriam estabelecer-se para sempre em nossa vida emocional. Ou, então, suas ânsias e o caos de suas emoções geram sonhos que, alimentados pela observação dos fenômenos naturais, contêm as imagens primordiais, os arquétipos e os símbolos que etc. Ambas as teorias nos servem, nesse caso, pois ambas se apóiam no mesmo ponto: a observação dos fenômenos naturais.

Naqueles tempos primevos, os humanos só podiam contar com aquilo que lhes fosse possível ver. E aquilo que viam lhes dizia que a vida era dada pela mulher, que a alimentação do bebê era fornecida pela mulher, que a mulher sangrava dias a fio sem morrer ou sequer enfraquecer. A mulher, como o cosmo, tinha ciclos. A mulher, como a natureza, escondia segredos insondáveis. Dos homens e da sua relação com o nascimento não tinham suspeita, eles pareciam apenas nascer e morrer sem deixar descendência, sem ter tido qualquer função indispensável ou sagrada. É, portanto, ao redor da biologia feminina e do seu papel preponderante que se originam os arquétipos.

Isso tudo já sabemos. Mas a junguiana Tilde Giani Gallino, em seu livro *La ferita e il re*, dá um passo adiante. Diz ela que tamanho poder divino atribuído à mulher pode ter determinado a formação, na antigüidade, de uma cultura centrada na mulher, cultura essa que teria mais tarde desaparecido, não sem deixar marcas indeléveis na psique coletiva feminina e masculina.

Uma vez transformada a biologia feminina em cultura masculina, mitos criados pelos homens atribuíram ao macho, de modo simbólico, a menstruação e a fertilidade da fêmea. E as manifestações biológicas femininas, deprezadas e temidas na mulher, tornaram-se sagradas assim que atribuídas ao macho.

A partir daí, Gallino faz uma análise do *rei do Graal*, como descrito por Chrétien de Troyes, rei que sofre de uma misteriosa ferida inguinal nunca cicatrizada, que mais sangra e mais dói com "o passar da lua que muda". Rei que essa ferida "menstrual" torna mágico e taumaturgo, mais próximo dos grandes segredos da natureza do que qualquer outro homem.

A análise é brilhante, mas não é ela que nos interessa aqui. O que nos interessa é essa afirmação de que os arquétipos do inconsciente coletivo são primordialmente femininos.

Se os arquétipos de uma feminilidade forte e poderosa, uma feminilidade que se aproxima da divindade, impregnam o inconsciente coletivo, e se o inconsciente coletivo é a fonte geradora dos contos de fadas, parece-me legítimo concluir que os contos de fadas trazem em si uma intensa carga simbólica de feminilidade, dessa feminilidade primeira ainda não maculada pelos preconceitos da sociedade masculina que viria a seguir.

Vamos tomar uma lateral, sem sair do assunto.

Os grandes contadores de contos de fadas sempre foram mulheres. Mulheres contaram as histórias que os irmãos Grimm registraram. Mulheres foram também as grandes transmissoras dos contos italianos, como reconheceu Italo Calvino ao fazer a coletânea desse folclore. Uma mulher, que sabia de cor 11 mil versos do *Kalevala*, poema nacional da Finlândia, contou-os a Sibelius, que neles se inspirou. Mulheres foram as pacientes do pai de Oscar Wilde, médico em Dublin, que costumava pedir-lhes a narração de uma história, como forma de pagamento. E uma mulher, sua esposa Speranza, as redigiu. Mulheres narram enquanto correm com os lobos. Minha mãe me contou histórias, e eu contei histórias para minhas filhas. A bisavó contou à avó, que contou à mãe, que contou à filha, dessa maneira Agatuzza Messina alimentou, com as histórias que havia recebido, o grande folclorista siciliano Giuseppe Pitré. E assim a perder de vista, ao redor de tantas fogueiras, em tantas noites de estábulos e cozinhas, ao pé de tantas camas de meninos e de adultos, vozes femininas repetiram os antigos contos.

As mulheres contam histórias em que uma feminilidade forte está tecida. E a narradora, forçosamente, se identifica com seu contar. "O contar histórias foi durante séculos uma arte feminina", escreveu Italo Calvino, "e às vezes implica um espírito de desforra das mulheres para com o predomínio masculino." Provavelmente era nisso que Calvino pensava ao escrever, em outro ensaio, a respeito de Agatuzza Messina: "está pronta a movimentar personagens femininas ativas, empreendedoras, corajosas, que parecem quase em aberto contraste com a idéia passiva e fechada da mulher que acreditamos tradicional da Sicília." Ele estava certo ao notar o contraste, mas a questão é que Agatuzza não estava contando a mulher siciliana, embora contasse contos do folclore siciliano. Nem estava exatamente tirando uma desforra. Estava, isso sim, contando a mulher arquetípica, forte e lutadora, vinda de muito longe, de espaços alheios à geografia.

Na nossa sociedade, ainda prevalentemente masculina, em que as mulheres têm dificuldade em se afirmar como personagens centrais, seja no cinema, na televisão ou nas histórias em quadrinhos, o conteúdo fortemente feminino dos contos de fadas não poderia deixar de marcar sua sorte.

E as fadas foram para o quarto das crianças

Quando digo, a alguém que não conhece o meu trabalho, que escrevo contos de fadas, me vejo quase sempre obrigada, diante da expressão de desinteresse e desapontamento que imediatamente se estampa no rosto do interlocutor — sobretudo se for homem —, a explicar que não se trata de historinhas com fadas, para criancinhas. O resultado desse esclarecimento costuma ser nulo.

E, no entanto, os salões de Paris estremeceram quando, em 1694, Charles Perrault apresentou sua versão versificada de *Pele de asno*. O conto já era tão popular um século antes, que dizer "um conto de pele de asno" equivalia a dizer "um conto de fadas". E seus elementos principais aparecem em vários contos a partir da Idade Média, mais claramente numa canção de gesta intitulada *La belle Helaine de Constantinople* — as canções de gesta, bem se sabe, não se destinavam às crianças.

Os salões franceses já haviam aplaudido anteriormente as fábulas de La Fontaine, que apesar de dedicadas ao delfim — na época, apenas com cinco anos — tinham endereço ambíguo. Como diria Rousseau mais tarde desaconselhando-as para crianças, continham "mais a filosofia dura, fria e egoísta dos velhos, que a filosofia amorosa, ingênua e boa de uma criança".

Mas era uma verdadeira febre de contos maravilhosos aquela que animava a França quando, em 1698, Perrault lançou *Os contos de mamãe gansa*. O sucesso foi tanto que os contos foram copiados, vendidos por ambulantes nas feiras e no campo, repetidos por toda parte. O próprio Perrault estava convencido de que os contos de fadas deviam ser inscritos entre os novos gêneros literários que compunham a modernidade de então.

Parece hoje evidente que Perrault tenha tido como ponto de partida contos que vinham de longe, pois *Orlando furioso* era um de seus livros de cabeceira, e ele certamente conhecia *Le piacevoli notti*, escrito um século antes pelo italiano Straparola, e *Lo cunto de li cunti*, do também italiano Giambattista Basile, ambos traduzidos para o francês. Os dois, por sua vez, haviam ido buscar inspiração no século XII, bebendo na rica fonte de Boccaccio, com os cem contos do seu *Decameron*.

Não vamos agora percorrer toda a história dos contos de fadas para evidenciar aquilo que já sabemos. Pois nessa longa corrente em que cada conto parece brotar de outro semelhante que o antecedeu, podemos retroceder até sua origem, até encontrar sua voz oriental, sem que nada nos diga que aquelas narrativas haviam sido criadas com o intuito de distrair ou instruir crianças.

E nem poderiam, uma vez que o conceito de criança, um ser com exigências especiais que deve ser protegido e ao mesmo tempo preparado para enfrentar a vida, só viria a existir de fato no século XVIII, explicitado por Rousseau.

A modificação comportamental imposta por esse novo ponto de vista é crucial, mas ainda assim não seria justo tributar apenas a Rousseau a culpa do "rebaixamento" dos contos. É certo que, se a criança recém-descoberta devia ser preparada para a vida, tornava-se indispensável elaborar material de apoio para essa preparação. E livros, sobretudo livros concebidos com intuito formativo, pareceram desde logo a melhor solução. Mas só os ombros de um pensador não teriam sido suficientes para realizar a pesada mudança do fabulário universal do salão para o quarto das crianças.

Fatores diversos contribuíram para isso. Podemos incluir até mesmo Napoleão com seu apetite imperialista, pois as mudanças geopolíticas causadas por suas campanhas não só repaginaram a Europa no século XIX, como levaram a um despertar de sentimentos nacionalistas que encontrariam no folclore a origem da identidade nacional, e um material especialmente rico para educar seus pequenos cidadãos.

Aos poucos, a Europa abandonava os punhos de renda e empreendia suas modificações sociais. O estabelecimento da educação obrigatória, processo iniciado no século XVIII, que só se completaria no século XX, despia a leitura de seu caráter elitista, tentando levá-la à totalidade das crianças. O pequeno público leitor era multiplicado, demandando um crescimento correspondente na produção de livros. Na urgência de prover esse material, os manuais de leitura, os livros puramente didáticos e as obras literárias confundiam-se. E os contos maravilhosos, levados de roldão, foram metidos no mesmo saco de livros moralizantes, de narrativas históricas, de obras documentais. Logo, a bem do ensino, e em suposto respeito à tenra idade dos consumidores, seriam adequados, quando não podados.

A espontaneidade dos contos já não é mais a mesma. E, pela primeira vez em tantos séculos, eles deixam de ser para qualquer idade.

Exemplo claro é o que ocorreu com os contos recolhidos pelos irmãos Grimm. Cientistas rigorosos, seu projeto era recolher os contos exatamente como eram contados, constituindo uma obra que fosse útil "para a poesia, a mitologia e a história". As crianças não eram mencionadas, como demonstra sua extensa correspondência.

E, de fato, a primeira edição, de 1812, engloba as crianças no título, *Contos de fadas para as crianças e a família*, mas mantém os contos assim como haviam sido recebidos, com grande economia verbal e poucos detalhes. Entretanto, dois anos depois, vendo o sucesso que o livro obtinha entre as crianças, os Grimm publicaram uma segunda edição destinada diretamente aos pequenos, atenuando em alguns pontos a versão original, acrescentando coisas, e enriquecendo a narrativa para torná-la mais apetitosa a jovens paladares.

Nada disso é novo, e eu o resumi o quanto possível, porque dada a importância não o poderíamos ignorar. Mas há um outro fator que certamente atuou nessa mudança, um fator que, embora nunca levado em consideração, me parece determinante. Foi para chegar a ele que empreendi essa conversa.

Refiro-me à masculinização da sociedade, ao fosso que progressivamente se abriu entre homens e mulheres, e aos padrões de valor que esse fosso estabeleceu.

Vimos como o conteúdo dos contos de fadas, com personagens femininas arquetípicas, fortes e resolutas, tem intenso apelo para as mulheres. E como as mulheres reforçaram esse apelo ao se tornarem elas próprias narradoras dos contos. Todo um discurso do feminino percorre as narrativas maravilhosas.

Mas nas tabelas masculinas, tabelas críticas e de valorização no amplo mercado do cotidiano, o discurso do feminino é considerado menor, de baixa cotação.

Ao que tudo indica, no remotíssimo passado, homens e mulheres criaram juntos os contos maravilhosos. E durante muito tempo os repetiram juntos. Entretanto, quando tratou-se de escrever, a escrita sendo privilégio masculino, foram eles os autores quase que exclusivos dos grandes livros de contos que até hoje nos impregnam. Os homens tornaram-se donos dos contos assim como eram donos das mulheres. A elas deixaram apenas o papel de repetidoras, uma vez que repetir é função mantenedora.

Sim, algumas mulheres também escreveram contos. Maria de França com seus lais é uma delas. Houve outras. Precursora de Perrault, Madame D'Alnoy publicou oito livros de contos de fadas, a prima dele, mademoiselle L'Héritier, e a condessa de Murat também escreveram contos de fadas. Mas só quem mereceu, séculos depois, uma estátua de bronze em Paris foi Perrault.

As mulheres repetiram e repetiram. E, de tanto repetir, apropriaram-se do repertório. Os contos de fadas escritos pelos homens tornaram-se conversa de mulheres. Então os homens foram, e mais uma vez tomaram os contos de volta, e os reescreveram, e acrescentaram novos, e com sua pena lhe deram valor viril, o único que a sociedade reconhece. E tivemos os Grimm, e tivemos os góticos, e tivemos Andersen, e mais adiante ainda tivemos Calvino.

Mas a distância entre homens e mulheres não era mais inerme. No fosso que os separava, começava a ferver a beligerância. E esse discurso narrativo tão fortemente feminino, ainda quando retomado por homens, revelava-se duplamente indigesto para eles.

Indigesto porque apresentava mulheres de arquetípica força, exatamente aquele modelo de mulher que começava a enfrentá-los e que eles lutavam para desarmar. E indigesto porque agradava tanto às mulheres, e não pode agradar ao homem aquilo que agrada à mulher, sob pena de rebaixamento. Aquilo que agrada às mulheres é, para a sociedade dos homens, inferior. Como elas.

As crianças também são consideradas inferiores, em que pesem os disfarces. Seu lugar no universo feminino está marcado, não apenas biologicamente, mas também por uma equiparação de valores.

Os homens foram sendo impedidos de gostar dos contos de fadas até mesmo pelo exacerbar-se dos seus padrões de sensibilidade. Cada vez mais receptivos ao exato e ao científico, e menos abertos ao puramente intuitivo, tornou-se impossível para eles tomar uma fada pela mão e atravessar com ela a ponte. Conseguiram fazê-lo aqueles que, juntando uma coisa com a outra, transformaram os contos em seu campo de estudo.

E foi assim que, aos poucos, se retiraram os contos de fadas daqueles salões em que propiciavam o prazer intelectual de homens e mulheres juntos, retiraram-se os contos até mesmo das salas mais modestas onde hoje quem conta histórias para homens e mulheres reunidos é a televisão. E aquelas narrativas — muitas vezes de asas podadas — foram transferidas para as salas de aula, onde as mulheres atuam como professoras, e para os quartos das crianças, onde as mulheres e seus pequenos, livres por instantes do desprezo social, podem viajar de mãos dadas no infindável reino do maravilhoso.

Feira do Livro, Brasília (DF), 2003.

Que escritora seria eu se não tivesse lido?

George Dawson tinha 98 anos quando aprendeu a ler. E tinha 102 quando, em maio deste ano, publicou seu primeiro livro. Dawson é descendente de escravos do Texas, e sem ter lido nada antes, sem ter qualquer bagagem literária, escreveu a história da sua vida nos anos 20 e 30. Escreveu, sem que nenhum livro lhe ensinasse a fazê-lo, a história mais complexa que existe, a de uma vida humana.

Li sobre a façanha de Dawson no jornal e me perguntei: o que ele teria escrito se tivesse começado a ler na infância? E também me perguntei: tivesse sido leitor contumaz desde menino, teria igualmente se tornado escritor?

É provável que não. A leitura não nos conduz fatalmente à escrita — o que, convenhamos, é mercê divina, porque ninguém agüentaria tantos escritores. A leitura, como uma agência de publicidade, desdobra à nossa frente *depliants* de mundos maravilhosos, e nos conclama, e nos estimula, e desperta nossos desejos. As possibilidades de escolhas se multiplicam. Vocações que sem ela dormitariam, para sempre ignoradas, despertam. E partimos, graças às asas da literatura, para as mais diversas profissões. Às vezes, até para a de escritor.

Eu não me tornei escritora porque era leitora. Eu me tornei escritora porque comecei a escrever.

A leitura, que habitou minha vida desde quando consigo lembrar, não me disse, vai Marina, ser isso ou aquilo. Mas a pessoa que eu era aos 15 anos, barro cozido e assado por tantas pequenas chamas literárias, queria ser pintora.

E pintora fui, durante uns bons anos. Dedicada, apaixonada, feliz com o meu fazer, segura da minha escolha, e comprando os livros de arte que meus magros dinheirinhos de jovem permitiam.

Até que cheguei aos 23. Continuava achando que tinha uma vocação e estava até me dando bem na vida com ela. Mas decidi que precisava ganhar o meu sustento, o que equivale a dizer ganhar a minha independência. E fui trabalhar em jornal — nem tanto por escolha, como por possibilidade.

Não seria questão da abandonar a vocação, que não abandonei até hoje. Tratava-se de abrir uma porta, deixando a pintura pendurada atrás dela, à espera.

Entrei na redação levando apenas uma bolsa pendurada no ombro, e óculos guardados na bolsa. Uma "foca" sem bola no nariz. Uma jovem principiante que havia feito um curso acelerado de datilografia para não passar vexame catando milho. Quase desamparada. Assim me apresentei, e assim me viram.

Na hora eu não ouvi, nem meus colegas. Mas depois soube que comigo haviam entrado o menino Tom e o índio que o perseguia, os acordes do capitão Nemo ao órgão, o silêncio na cabeça de Ulisses enquanto via as sereias cantarem, o soprar do vento que colou a folha nas costas de Sigfrido, os rebanhos de carneiros em transumância na Provença de Giono, as pegadas dos Capitães na areia, uma galinha perseguida num domingo pela mão de Clarice, uma pedra no meio do caminho, o diabo no meio do remoinho, uma *madeleine*, uma barba *indigo blue*, um gato de botas.

Comecei a escrever porque puseram uma Olivetti na minha frente, um monte de papel, e me mandaram fazer a matéria. Isso ainda não era escrever, evidentemente. Era apenas uma entrada na mecânica da escrita. Mas empoleirados no alto das divisórias de vidro jateado daquela redação em plena avenida Rio Branco, Sherazade, O Conde de Monte Cristo, Gregorio Samsa, D'Artagnan, Marco Polo, Raskolnikov, Ricardo Coração de Leão e Mr. Gatsby esfregaram as mãos. A maré havia virado para o lado deles, estava na hora de começarem a empurrar.

E assim fez-se, ou abriu-se, em mim outra vocação.

Como para George Dawson, também me pergunto: eu teria sido escritora se não tivesse sido leitora? Mas é uma pergunta que não procede porque equivale a pôr em questão toda a minha vida, uma vez que os livros sempre a habitaram.

Sendo assim, teria que perguntar: eu teria sido escritora se não tivesse nascido na África, onde nasci? E se não tivesse saído da Itália, onde me criei, e não tivesse vindo para o Brasil onde comecei a escrever? É quase como perguntar se, não tendo sido leitora, não tendo, antes mesmo de ler, me apaixonado por tantas ilustrações, tantas belas imagens vistas nos livros, eu teria desejado ser pintora.

O que, sim, poderia me perguntar, embora sabendo de antemão que não encontrarei resposta, é: que escritora teria sido eu se não tivesse sido leitora?

Ou melhor: extraída de mim a leitura, que ser humano eu seria, e que ponto de partida teria para uma escrita?

Só posso fazer isso despindo-me do que ganhei.

Eu começaria por não gostar de papel, não amar visceralmente qualquer folha de papel, em branco ou escrita, qualquer bloco ou caderno. E a não ter aquela sensação, comum a todos os leitores, de que a tipologia está me chamando. Eu passaria na rua sem ler os *outdoors*, os cartazes, os letreiros. A rua seria diferente para mim, e não sei que outras coisas eu veria, enquanto andasse, com meus olhos desocupados.

Eu não levaria na bolsa — em qualquer bolsa — lápis, borracha, canetas e um bloquinho, porque não teria necessidade de anotar as idéias que me viessem à cabeça ou as observações que me parecessem interessantes, uma vez que o conceito da escrita como salvaguarda do pensamento não estaria implantado em meu viver. E, como conseqüência, não teria caderninhos para ler mais tarde e reencontrar passagens, viagens, momentos.

Os livros não teriam importância para mim, não seriam uma necessidade. Aqueles mesmos livros, que hoje rodeando-me nas estantes e sobre os móveis e até no chão me protegem, inexistiriam e minha casa teria paredes quase nuas, e de uma única cor. Sem saber que cada livro se abre sobre um mundo diferente, eu olharia apenas pela janela, que se abre sempre sobre a mesma paisagem.

Eu estaria livre do vício de ler, e talvez fosse mais livre. Mas viveria despida dos tantos prazeres que esse vício proporciona. Não teria aquela expectativa amorosa com que nos preparamos para os livros já comprados e ainda não lidos. Não entraria nas livrarias com ânsia de caçadora, certa de que uma boa, e lenta, e percuciente procura redunda sempre em achado.

A leitura me precedeu abrindo portas, fornecendo respostas a perguntas que eu ainda não havia conseguido formular. Teria conseguido formular as perguntas, sem os livros? E onde encontraria as respostas? Eu, tão curiosa, onde iria bater, com todos os meus pontos de interrogação?

Se eu não tivesse sido leitora, é certo que precisaria de um talento infinitamente maior para escrever. Não tendo aprendido com os outros a traduzir os fatos em palavras, os sons em palavras, as cores em palavras, o tempo em palavras, a vida e a morte e a alma em palavras, que trabalhoso seria apertar sozinha, uma por uma, todas as cravelhas das palavras.

Mas as palavras escritas — que não são as mesmas palavras da fala, embora irmãs, porque criadas para andarem juntas naquela exata ordem e não em outra, já que só naquela ordem o valor de uma contamina a outra —, as palavras escritas, eu dizia, infiltraram-se em mim junto com os outros aprendizados, quando eu ainda não sabia ler. Minha mãe lia para mim. E a música da voz da minha mãe fundia-se com a música das palavras que ela lia.

Minha mãe não contava, inventando o texto ao sabor da fala. Ela lia. O encantamento da narrativa me chegou através da palavra organizada em escrita, e amei as palavras tanto quanto amei as histórias. Eu li ouvindo, quando ainda não podia ler. Para despir-me da leitura, totalmente, até a isso deveria renunciar.

Hoje leio como se fizesse triatlo. Acordo, e perco no mínimo uma hora lendo os jornais. Depois vou para o escritório e começo a ler o material de trabalho. Na hora do almoço, se estiver sozinha, encosto um livro no copo cheio d'água que não bebo para não perder o suporte, técnica que aprimorei ainda na adolescência. E dia afora vou lendo e escrevendo. Mas sou atleta indisciplinada, capaz de perder um tempo enorme com leituras inúteis, deixar cada mínima consulta de pesquisa alongar-se indefinidamente porque não consigo me ater apenas ao que procurava, e gastar em leituras menores o tempo que deveria reservar para ler ou reler os clássicos. E, o que é pior, tenho a impressão — prefiro não dizer a certeza, embora fosse mais correto — de que esqueço a grandíssima maioria de tudo o que leio.

Quando menina, e mesmo depois quando jovem, lia como se descesse as corredeiras num bote. Deixava-me levar, jogada de um lado a outro pela narrativa, transportada, na espera ansiosa da cachoeira que a qualquer momento despencaria comigo, assombrando meu coração.

Eu não usava lápis, jamais teria ousado riscar um livro, por meu que fosse. E isso, não pela sacralidade do livro, mas porque não me passava pela cabeça que me fosse permitido, que me fosse devido interagir diretamente com o texto — a palavra interagir sequer se usava. A idéia de que a minha opinião pudesse ter lugar, e valor, ao lado daquilo que havia sido escrito pelo autor não me aflorava.

Quando passei a usar o lápis, tornei-me outra leitora. Ou melhor, quando me tornei outra leitora, passei a usar o lápis. Não desço mais, entregue, nas corredeiras. Sou seu vigilante. Analiso a força das águas, sua direção, sua profundidade. Meço a transparência, procuro o que nela se move. Vou, sim, com ela, e me encanto, e me deixo molhar pelas espumas. Mas a qualquer remanso indevido, a qualquer turvação, minhas orelhas se erguem atentas, meu lápis se apóia na margem. Anoto, controlo. Por um instante não estou sendo levada, botei um pé para fora do bote.

Tornei-me interlocutora do autor. As margens às vezes são estreitas demais para as conversas que tenho com ele. E me acontece fazer uma crítica, ir adiante, ver que a crítica não se justifica, voltar atrás e apagar o que eu havia anotado. Como se pedisse desculpas ao autor pela falta de confiança. Não estou mais lendo sozinha como lia. Estou lendo por cima do ombro dele.

A leitura atravessou minha juventude em blocos. Como se um trem me varasse a cada vez com seus vagões. Eram comboios de paixão. Um autor entrava na minha vida, eu me enamorava e, um depois do outro, ia lendo todos os seus livros, ou quase. Foi assim desde menina. Bem pequena ainda devorei boa parte da imensa obra de Salgari, e imitando suas histórias brinquei de pirata e de índio americano — Sole Ridente era o meu nome na tribo. Entre os 10 e os 11 anos, me banqueteei com Verne, com *O tesouro da juventude* e com Edgar Rice Burroughs. Depois fui indo. Que furacão na minha alma quando encontrei Dostoiévski! Eu ansiava o dia inteiro pelos momentos em que iria me encontrar com ele. Foram meses e meses de neve, sofrimento e nomes cheios de consoantes. Depois os americanos; a sedução daquele trem que parecia interminável, os vagões de Hemingway, Dos Passos, Steinbeck trazendo-me um mundo novo, seco, de frases curtas, um mundo sem volutas, especialmente revelador para mim, italiana encharcada de barroco. Amei Giono, ocupei com ele toda uma prateleira da estante. Apaixonei-me, para sempre, pelos poetas chineses. E pouco depois de esbarrar com a minha própria escrita, esbarrei em Proust. Foi um fecho glorioso para as minhas leituras de juventude.

Mas também fui leviana, traindo meus grandes amores com amores passageiros, "ficando" com um livro ou outro, só pelo prazer de uma noite. Sim, cometi pecados e pecadilhos de juventude, gostei de M. Dely, acreditei que *Toi et moi*, de Paul Geraldy, fosse bela poesia. Chorei com Ayn Rand. E li muito *Mistério Magazine*, de Ellery Queen, embora ao mesmo tempo economizasse dinheiro de mesada para comprar a revista *Senhor* e ler os contos de Clarice.

Hoje os trens são mais raros, e não percorro todos os vagões. Quando gosto de um autor, leio um primeiro livro, atravesso meio em diagonal um ou dois livros mais, para certificar-me e para ter uma idéia de conjunto, dispenso os outros. Não tenho mais paixões. Tenho apreço, admiração. Leio, reconheço a qualidade, me entusiasmo. Mas entusiasmo não é a mesma coisa que paixão, entusiasmo é uma categoria profissional. A escrita roubou-me o pleno arrebatamento da leitura.

Houve um tempo em que cada livro que me chegava era um cavalo de Tróia, de cuja barriga sairiam, na solidão do meu quarto, invasores bem-vindos. Depois aprendi a desventrar a barriga do cavalo ainda na livraria, de pé, percorrendo o índice e vendo o que contém. Já não levo nenhum mistério para o quarto, os habitantes do livro/cavalo são gentis convidados, quando não reféns que manterei comigo só enquanto me interessarem. Nenhum me invadirá.

E se ler escondido depois da hora de dormir, na clássica cena da lanterna acesa debaixo das cobertas, era duplo prazer, de leitura e transgressão, ler tornou-se com o tempo dupla culpa, pois me sinto culpada se leio em vez de escrever, e me sinto culpada se escrevendo deixo de ler, tendo tantos livros à minha espera.

Com freqüência me perguntam quais as marcas dessas leituras na minha escrita. A pergunta consegue sempre me pegar desprevenida, porque me parece que procurar na escrita é procurar pequeno. As marcas estão em mim. E eu sou o meu texto. Mas aquilo que se fosse mais superficial seria visível, ao ser incorporado e processado no fundo do meu sentir tornou-se invisível, ainda que gerador da escrita.

Então sinto-me tentada a responder que não existem marcas, existe um resultado. E é impossível dizer, olha ali os russos, veja lá os americanos, e mais impossível ainda descobrir ali fulano ou acolá sicrano. Pois eu não usei fulano ou sicrano para compor a minha linguagem, embora os usasse para despertar a emoção que, mais tarde, viria a servir de base para a construção dessa linguagem.

Mesmo quando estava apenas procurando meus rumos, não me lembro de ter desejado escrever como alguém, por mais que gostasse da sua escrita. Talvez pensasse inconscientemente que não seria capaz, que aquilo não estava em mim. O que eu quis, isso sim e muito, foi conseguir provocar em outros as mesmas emoções que certas leituras haviam provocado em mim.

Embora tivesse tanto amado romances e livros de aventura, nunca senti vontade de escrever nem uma coisa nem outra; meu desejo de escrita sempre esteve centrado na ourivesaria do texto curto.

E nenhum dos meus amados realistas despertou em mim o desejo de realismo. Poe, que li tão menos do que os outros americanos, deixou em minha juventude uma marca mais funda, inoculando-me as infinitas possibilidades do mundo fantástico. Um mundo que eu já havia freqüentado através dos contos de fadas na voz da minha mãe. E que, adulta, reencontraria em Borges, em Cortázar, em Buzzati e em alguns momentos de Calvino.

Amando tanto a leitura, nunca tive ídolo literário, embora tendo grandíssimas admirações. Entretanto, à medida que avançava nas leituras e na profissão, sentia crescer meu parentesco com uma família cujo álbum de retratos olhava com intimidade cada vez mais evidente. É a família dos escritores que deram um passo para lá do real. E que ali, em terreno mais etéreo, fundaram sua realidade. Hoje, estreitados os laços, sinto-me com certeza sua irmã. Irmã dos que reencontram seu mundo no sonho. Mas irmã, igualmente, de todos os que o buscam no papel impresso.

Simpósio Internacional Transdisciplinar de Leitura,
Rio de Janeiro, 2000.

Este é um discurso em que textos se articulam uns com os outros e que, às vezes, até se repetem na retomada constante da reflexão sobre um mesmo fazer. São as minhas participações em congressos, encontros, mesas-redondas sobre leitura e literatura, somadas a dois prefácios. E, estando identificadas ao pé, nem precisariam de apresentação se não fosse por um ponto que, de alguma maneira, me constrange.

Esse ponto é a minha presença pessoal em vários desses textos, o relato da minha experiência como leitora e como autora. Sempre me incomoda um pouco personalizar, sobretudo por escrito — a fala tem um ar casual que confere jeito de confidência a esses relatos. Entretanto, quando se chama um escritor para falar de escrita, o que se espera dele não é uma visão "de fora" puramente teórica, mas o relato daquele percurso interior que lhe tornou a escrita possível.

Tentei fundir as duas coisas. Podei o que foi possível. E, se ainda assim apareço mais do que gostaria, consolo-me pensando que, como toda experiência humana, o meu caso de paixão com os livros também pode ter alguma utilidade.

M.C.

Este livro foi composto na tipologia Minion,
em corpo 12/17, e impresso em papel Pólen
Bold 90g/m² no Sistema Cameron
da Divisão Gráfica da Distribuidora Record.